Långsam Matlagning

Smaker att Vänta På och Måltider som Värmer Själen

Anna Andersson

Innehållsförteckning

Varm kycklingsoppa 9

Kycklingfiléer med bacon och ost 11

Medelhavskycklingwraps 13

Familjens kycklingvingar 15

Kycklingfiléer med ostdipp 17

Kycklingtacos i mexikansk stil 19

Södra kycklinggryta 22

Kalkonchowder med mangold 24

Omedelbara ostiga kycklingklubbor 26

Spicy Chicken Wingettes 28

Turkiet Legs Delight 30

Gammaldags paprikash 31

Medley med kyckling och svamp 33

OmedelbarKyckling Teriyaki 35

Lazy Chicken Carnitas 37

Välsmakande kycklinggulasch 39

Turkiet Köttfärslimpa med Parmigiano-Reggiano 41

Södra Turkiet soppa 43

Kyckling i thailändsk stil 45

Kycklinglår med gröna bönor och potatis 47

Snabbt och enkelt Strimlad vitlökskyckling 49

Den ultimata mexikanska kycklingen 51

Instant Rotisserie Chicken 53

Kalkon med purjolök och svamp 55

Kyckling med lök och gröna oliver 57

Juicy och fall-off-bone trumpinnar 59

Slow-Cooked Turkiet 61

Medelhavskycklingvingar 63

Grön kyckling 65

Juicy Herbed Kalkonbröst 67

Kyckling Spaghetti Squash med Shitakes 69

Thailändsk jordnötskyckling 71

Thai gås med basilika 73

Kokosgrönkålskyckling 75

Instant Pot Vitlökskyckling 77

Instant Pot Lemon Olive Chicken 78

Instant Pot Chicken Shawarma 80

Italienskinspirerad krämig kyckling 82

Instant Pot Pesto Kyckling 84

Citronkyckling 84

Läcker biffgryta 87

Klassisk lammben 88

Asiatiskt fläsk 90

Salsa fläsk 92

BBQ fläsk revben 94

BBQ Pulled Pork 96

Fläskkotletter med sås 98

Spicy & Smoky Beef 100

Coconut Beef Curry 102

Klassiska ryggbiffspetsar med sås 104

Moist & Tender Chuck Roast 106

Honungsfläskstek 108

Enkla köttbullar 109

Strimlad timjanfläsk 110

Ananas Kanel Fläsk 112

Fantastisk banandessert 114

Rabarberdessert 115

Plommon Delight 116

Uppfriskande frukträtt 117

Dessertgryta 118

Original fruktdessert 119

Läckra äpplen och kanel 120

Galet läcker pudding 121

Underbar bärpudding 123

Vinterfruktdessert 125

Annorlunda efterrätt 125

Orange efterrätt 127

Stor pumpadessert 129

Läckra bakade äpplen 131

Fukt pumpa Brownie 133

Citronkräm 135

Pumpa Pudding 137

Lätt yoghurt vaniljsås 139

Zucchini Pudding 141

Läcker Pina Colada 142

Äppelkolakaka 143

Äppelrispudding 144

Vegansk kokosrisottopudding 145

Vanilj avokadopudding 146

Vaniljmandelrisotto 148

Coconut Raspberry Curd 149

Enkel chokladmousse 151

Den bästa tropiska efterrätten någonsin 153

Crème med mandel och choklad 155

Kanelflan 157

Smaskig upp och ner tårta 159

Extraordinär Choklad Cheesecake 160

Old-School Cheesecake 162

Söt och sur saga tårta 165

Lata söndagstårta 166

Keto Choklad Brownies 169

Söt gröt med en twist 171

Cheesecake Tropicana 172

Klassisk Holiday Custard 174

Blackberry Espresso Brownies 176

Söt gröt med blåbär 178

Vaniljbärscupcakes 180

Mini Cheesecakes med bär 182

Special Berry Crisp med kanel 184

Smaskig Fire Cheesecake 186

Klassisk morotskaka 188

Klassisk brownie med björnbärs-getostvirvel 190

Speciell födelsedagstårta 193

Julblåbärspudding 195

Fluffig jordgubbstårta 197

Choklad Cheesecake 200

Hallonkompott 202

Chokladgrädde 204

Smörpannkakor 206

Citroncupcakes med blåbär 208

Choklad brownies 210

Persikapaj 212

Mandelsmörkakor 214

Mini brownie kakor 216

Varm kycklingsoppa

Förberedelsetid: 20 minuter

Portioner 5

Näringsvärde per portion: 238 kalorier; 17 g fett; 5,4 g totalt kolhydrater; 16,4 g protein; 2,6 g socker

Ingredienser

- 2 matskedar druvkärneolja
- 2 bananschalottenlök, hackade
- 4 vitlöksklyftor, hackade
- 1 dl Cremini-svampar, skivade
- 2 paprikor, kärnade och skivade
- 1 serranopeppar, kärnad och skivad
- 2 mogna tomater, mosade
- 1 tsk porcinipulver
- 2 msk torrt vitt vin
- Havssalt och mald svartpeppar, efter eget tycke
- 1 tsk torkad basilika
- 1/2 tsk torkad dillgräs
- 5 dl buljong, gärna hemgjord
- 4 kycklingvingar

Vägbeskrivning

1. Tryck på "Sauté"-knappen och värm oljan. När den är varm, fräs schalottenlöken tills den är precis mjuk och aromatisk.
2. Tillsätt vitlök, svamp och paprika; koka ytterligare 3 minuter eller tills det mjuknat.
3. Rör nu i tomater, porcinipulver, vitt vin, salt och svartpeppar. Tillsätt de återstående ingredienserna och rör om för att kombinera.
4. Säkra locket. Välj "Manuellt" läge och Högtryck; koka i 18 minuter. När tillagningen är klar, använd en snabb tryckavlastning.
5. Se till att släppa ut eventuell återstående ånga och ta försiktigt bort locket. Ta bort kycklingvingarna från Instant Pot. Släng benen och hacka köttet.
6. Lägg tillbaka kycklingköttet i Instant Pot. Häll upp i individuella skålar och servera varm. Smaklig måltid!

Kycklingfiléer med bacon och ost

Förberedelsetid: 25 minuter

Portioner 6

Näringsvärde per portion: 450 kalorier; 24,1 g fett; 2,5 g totalt kolhydrater; 53,6 g protein; 0,2 g socker

Ingredienser

- 1 ¼ koppar vatten
- 10 uns ricottaost, smulad
- 6 kycklingfiléer
- Salt att smaka
- 1/2 tsk cayennepeppar
- 6 matskedar bacon smulas sönder
- 4 uns Monterey-Jack ost
- 1 msk kycklingbuljonggranulat

Vägbeskrivning

1. Tillsätt vatten i botten av Instant Pot. Lägg till ricottaost och kycklingfiléer; strö över salt och cayennepeppar.
2. Säkra locket. Välj "Manuellt" läge och Högtryck; koka i 18 minuter. När tillagningen är klar, använd en snabb tryckavlastning.
3. Strimla nu kycklingen med två gafflar och lägg tillbaka den till Instant Pot. Rör ner baconsmulor, ost och kycklingbuljonggranulat.

4. Sätt tillbaka locket på Instant Pot, tryck på "Sauté"-knappen och koka ytterligare 4 minuter. Dela på tallrikar och servera genast. Smaklig måltid!

Medelhavskycklingwraps

Förberedelsetid: 20 minuter

Portioner 6

Näringsvärde per portion: 238 kalorier; 9,5 g fett; 6,1 g totalt kolhydrater; 29,1 g protein; 4,1 g socker

Ingredienser

- 1 ½ pund kycklingfilé, skuren i 1/2-tums bitar
- Salt och svartpeppar, efter smak
- 1 tsk torkad oregano
- 1/2 tsk torkad basilika
- 1/2 tsk malen spiskummin
- 1 kopp vatten
- 2 mogna tomater, mosade
- 2 vitlöksklyftor, hackade
- 1 msk gyllene grekisk paprika, finhackad
- 1 msk färskpressad citronsaft
- 1 stor huvudsallat
- 6 uns fetaost, i tärningar
- 1 uns Kalamata-oliver, urkärnade och skivade
- 2 Florina paprika, kärnade och hackade

Vägbeskrivning

1. Tillsätt kyckling, salt, svartpeppar, oregano, basilika, spiskummin och vatten i din Instar Pot.

2. Säkra locket. Välj inställningen "Manuell" och Högtryck; koka i 10 minuter. När tillagningen är klar, använd en naturlig tryckavlastning; ta försiktigt av locket. Reservera kycklingen.
3. Tillsätt sedan tomater, vitlök och grekisk paprika i Instant Pot.
4. Tryck på "Sauté"-knappen och koka i 6 minuter vid lågt tryck. Lägg tillbaka den strimlade kycklingen i Instant Pot.
5. För att servera, dela kycklingblandningen mellan salladsblad. Toppa med fetaost, oliver och Florina-peppar. Rulla ihop i taco-stil, servera och njut!

Familjens kycklingvingar

Förberedelsetid: 45 minuter

Portioner 6

Näringsvärde per portion: 301 kalorier; 19 g fett; 3,5 g totalt kolhydrater; 27,4 g protein; 2,1 g socker

Ingredienser

- 1 ½ pund kycklingvingar, med ben, skinn-på
- 1 msk olivolja
- 1 msk balsamvinäger
- 1 matsked Shoyu sås
- 2 matskedar ketchup
- 1 kopp vatten
- Havssalt, efter smak
- 1/2 tsk cayennepeppar
- 1 kopp majonnäs
- 1 msk söt paprika

Vägbeskrivning

1. Lägg kycklingvingar, olivolja, balsamvinäger, Shoyu-sås, ketchup, vatten, salt och cayennepeppar och granulerad vitlök i en blandningsform.
2. Låt det marinera i 30 minuter i kylen. Säkra locket.

3. Tryck nu på knappen "Manuell". Koka kycklingvingarna tillsammans med deras marinad i 14 minuter under högt tryck.
4. När tillagningen är klar, använd en naturlig tryckavlastning; ta försiktigt av locket.
5. Blanda under tiden majonnäs med söt paprika tills den är väl införlivad. Servera kycklingvingar med paprikamajonon till doppning. Smaklig måltid!

Kycklingfiléer med ostdipp

Förberedelsetid: 15 minuter

Portioner 4

Näringsvärde per portion: 314 kalorier; 20,3 g fett; 1,7 g totalt kolhydrater; 29,9 g protein; 1,5 g socker

Ingredienser

- 1 msk jordnötsolja
- 1 pund kycklingfiléer
- Salta och nymalen svartpeppar efter smak
- 1/2 tsk torkad basilika
- 1 dl buljong, gärna hemgjord
- Ostsås:
- 3 tsk smör, i rumstemperatur
- 1/3 kopp dubbel grädde
- 1/3 kopp Neufchâtel ost, vid rumstemperatur
- 1/3 dl Gruyèreost, gärna nyriven
- 3 matskedar mjölk
- 1/2 tsk granulerad vitlök
- 1 tsk schalottenlökpulver

Vägbeskrivning

1. Tryck på "Sauté"-knappen och tillsätt jordnötsolja. När de är varma, stek kycklingfiléerna i 3 minuter per sida.

2. Krydda kycklingfiléerna med salt, svartpeppar och basilika; häll i buljongen.
3. Säkra locket. Välj inställningen "Manuell" och koka i 6 minuter. När tillagningen är klar, använd en naturlig tryckavlastning; ta försiktigt av locket.
4. Rengör Instant Pot och tryck på "Sauté"-knappen. Smält nu smöret och tillsätt dubbel grädde, Neufchâtel-ost, Gruyère-ost och mjölk; tillsätt granulerad vitlök och schalottenlökpulver.
5. Koka tills allt är genomvärmt. Smaklig måltid!

Kycklingtacos i mexikansk stil

Förberedelsetid: 30 minuter

Portioner 6

Näringsvärde per portion: 443 kalorier; 17,3 g fett; 4,6 g totalt kolhydrater; 63,7 g protein; 1,7 g socker

Ingredienser

- Lågkolhydratstortillas:
- 2 uns fläskskal, krossade till ett pulver
- En nypa bakpulver
- En nypa salt
- 2 uns ricottaost
- 3 ägg
- 1/4 kopp vatten
- Nonstick matlagningsspray
- **Kyckling:**
- 1 ½ pund kycklinglår, utan skinn
- 4 vitlöksklyftor, pressade eller hackade
- 1/2 dl salladslök, hackad
- 1 tsk torkad basilika
- 1/2 tsk torkad timjan
- 1/2 tsk torkad rosmarin
- 1 tsk torkad oregano
- Havssalt, efter eget tycke

- 1/3 tsk mald svartpeppar
- 1/4 kopp färskpressad citronsaft
- 1 kopp vatten
- 1/4 kopp torrt vitt vin
- 1/2 dl salsa, gärna hemgjord

Vägbeskrivning

1. För att göra tortillas med låga kolhydrater, tillsätt fläskskal, bakpulver och salt i din matberedare; pulsa några gånger.
2. Vik nu ner osten och äggen; blanda tills det är väl blandat. Tillsätt vattnet och bearbeta tills det är jämnt och enhetligt.
3. Spritsa en pannkakspanna med en nonstick-spray. Värm pannkakspannan på måttlig värme.
4. Häll nu smeten i pannan och förbered som du skulle göra en tortilla. Håll tortillorna varma.
5. Tryck sedan på "Sauté"-knappen och tillaga kycklingben i 2 till 4 minuter per sida; boka. Tillsätt vitlöken och salladslöken och koka tills den är arom.
6. Tillsätt övriga ingredienser, förutom salsan. Lägg tillbaka kycklingbenen i Instant Pot.
7. Säkra locket. Välj inställningen "Fjäderfä" och koka i 15 minuter. När tillagningen är klar, använd en snabb tryckavlastning; ta försiktigt av locket.

8. Strimla kycklingen med två gafflar och kassera benen; servera med beredda tortillas och salsa. Njut av!

Södra kycklinggryta

Förberedelsetid: 25 minuter

Portioner 6

Näringsvärde per portion: 453 kalorier; 22,6 g fett; 5,9 g totalt kolhydrater; 53,6 g protein; 2,6 g socker

Ingredienser

- 2 skivor bacon
- 6 kycklinglår, utan skinn och ben
- 3 koppar vatten
- 2 kycklingbuljongtärningar
- 1 purjolök, hackad
- 1 morot, putsad och hackad
- 4 vitlöksklyftor, hackade
- 1/2 tsk torkad timjan
- 1/2 tsk torkad basilika
- 1 tsk ungersk paprika
- 1 lagerblad
- 1 kopp dubbel grädde
- 1/2 tsk mald svartpeppar

Vägbeskrivning

1. Tryck på "Sauté"-knappen för att värma upp din Instant Pot. Koka nu baconet, smula sönder det med en spatel; koka tills baconet är knaprigt och spara.

2. Tillsätt nu kycklingbenen och stek tills de fått färg på alla sidor.
3. Tillsätt vatten, buljongtärning, purjolök, morot, vitlök, timjan, basilika, paprika och lagerblad; rör om för att kombinera.
4. Säkra locket. Välj inställningen "Fjäderfä" och koka i 15 minuter vid högt tryck. När tillagningen är klar, använd en naturlig tryckavlastning; ta försiktigt av locket.
5. Vänd ner grädden och låt den koka på restvärmen under konstant omrörning. Häll upp i individuella skålar, strö varje portion med nyriven svartpeppar och servera varm. Smaklig måltid!

Kalkonchowder med mangold

Förberedelsetid: 35 minuter

Portioner 6

Näringsvärde per portion: 188 kalorier; 9,2 g fett; 6,9 g totalt kolhydrater; 17,7 g protein; 3,2 g socker

Ingredienser

- 1 msk rapsolja
- 1 pund kalkonlår
- 1 morot, putsad och hackad
- 1 purjolök, hackad
- 1 palsternacka, hackad
- 2 vitlöksklyftor, hackade
- 1 ½ liter kalkonbuljong
- 2 stjärnanisskidor
- Havssalt, efter smak
- 1/4 tsk mald svartpeppar, eller mer efter smak
- 1 lagerblad
- 1 knippe färsk thailändsk basilika
- 1/4 tsk torkad dill
- 1/2 tsk gurkmejapulver
- 2 dl mangold, riven i bitar

Vägbeskrivning

1. Tryck på "Sauté"-knappen och värm rapsoljan. Bryn nu kalkonlår i 2 till 3 minuter på varje sida; boka.
2. Tillsätt en skvätt kalkonbuljong för att skrapa upp eventuella brynta bitar från botten.
3. Tillsätt sedan morot, purjolök, palsternacka och vitlök i Instant Pot. Fräs tills de är mjuka.
4. Tillsätt återstående kalkonbuljong, stjärnanisskidor, salt, svartpeppar, lagerblad, thailändsk basilika, dill och gurkmejapulver.
5. Säkra locket. Välj inställningen "Soppa" och koka i 30 minuter. När tillagningen är klar, använd en naturlig tryckavlastning; ta försiktigt av locket.
6. Rör ner mangold medan den fortfarande är varm för att vissna bladen. Njut av!

Omedelbara ostiga kycklingklubbor

Förberedelsetid: 25 minuter

Portioner 5

Näringsvärde per portion: 409 kalorier; 23,8 g fett; 4,8 g totalt kolhydrater; 41,7 g protein; 2,4 g socker

Ingredienser

- 1 msk olivolja
- 5 kycklingklubbor
- 1/2 tsk mejram
- 1/2 tsk timjan
- 1 tsk schalottenlökpulver
- 2 vitlöksklyftor, hackade
- 1/2 dl kycklingfond
- 1/4 kopp torrt vitt vin
- 1/4 kopp helmjölk
- 6 uns ricottaost
- 4 uns cheddarost
- 1/4 tsk mald svartpeppar
- 1/2 tsk cayennepeppar
- Havssalt, efter smak

Vägbeskrivning

1. Tryck på "Sauté"-knappen och värm oljan. När de är varma, bryn kycklingklubbor i 3 minuter; vänd på kycklingen och koka ytterligare 3 minuter,
2. Tillsätt nu mejram, timjan, schalottenlökpulver, vitlök, kycklingfond, vin och mjölk.
3. Säkra locket. Välj inställningen "Manuell" och koka i 15 minuter. När tillagningen är klar, använd en naturlig tryckavlastning; ta försiktigt av locket.
4. Strimla kycklingköttet och lägg tillbaka till Instant Pot. Tryck på "Sauté"-knappen och rör ner ricottaost, cheddarost, svartpeppar och cayennepeppar.
5. Koka ett par minuter längre eller tills osten smält och allt är genomvärmt.
6. Smaka av med havssalt, smaka av och justera kryddorna. Smaklig måltid!

Spicy Chicken Wingettes

Förberedelsetid: 1 timme 15 minuter

Portioner 6

Näringsvärde per portion: 296 kalorier; 22,5 g fett; 6,9 g totalt kolhydrater; 10,8 g protein; 3,3 g socker

Ingredienser

- 10 färska cayennepeppar, putsade och hackade
- 3 vitlöksklyftor, hackade
- 1 ½ dl vit vinäger
- 1/2 tsk svartpeppar
- 1 tsk havssalt
- 1 tsk lökpulver
- 12 kycklingvingetter
- 2 matskedar olivolja
- Dippsås:
- 1/2 kopp majonnäs
- 1/2 kopp gräddfil
- 1/2 kopp koriander, hackad
- 2 vitlöksklyftor, hackade
- 1 tsk rökt paprika

Vägbeskrivning

1. Lägg cayennepeppar, 3 vitlöksklyftor, vit vinäger, svartpeppar, salt och lökpulver i en behållare. Tillsätt

kycklingvingetter och låt dem marinera under lock i 1 timme i kylen.

2. Tillsätt kycklingvingetterna, tillsammans med marinaden och olivoljan i Instant Pot.
3. Säkra locket. Välj inställningen "Manuell" och koka i 6 minuter. När tillagningen är klar, använd en snabb tryckavlastning; ta försiktigt av locket.
4. Blanda ordentligt majonnäs, gräddfil, koriander, vitlök och rökt paprika i en blandningsskål.
5. Servera varm kyckling med dipsåsen vid sidan av. Smaklig måltid!

Turkiet Legs Delight

Förberedelsetid: 40 minuter

Portioner 6

Näringsvärde per portion: 339 kalorier; 19,3 g fett; 1,3 g totalt kolhydrater; 37,7 g protein; 0,4 g socker

Ingredienser

- 3 matskedar sesamolja
- 2 pund kalkonben
- Havssalt och mald svartpeppar, efter eget tycke
- Ett gäng salladslök, grovt hackad
- 1 ½ dl kalkonbuljong

Vägbeskrivning

1. Tryck på "Sauté"-knappen och värm sesamoljan. Nu, bruna kalkonben på alla sidor; krydda med salt och svartpeppar.
2. Tillsätt salladslöken och buljongen.
3. Säkra locket. Välj inställningen "Manuell" och koka i 35 minuter. När tillagningen är klar, använd en naturlig tryckavlastning; ta försiktigt av locket.
4. Du kan tjockna matlagningsvätskan på "Sauté"-inställningen om så önskas. Servera varm.

Gammaldags paprikash

Förberedelsetid: 25 minuter

Portioner 6

Näringsvärde per portion: 402 kalorier; 31,7 g fett; 6,1 g totalt kolhydrater; 21 g protein; 3,1 g socker

Ingredienser

- 1 msk ister, i rumstemperatur
- 1 ½ pund kycklinglår
- 1/2 kopp tomatpuré
- 1½ dl vatten
- 1 gul lök, hackad
- 1 stor morot, skivad
- 1 stjälkselleri, tärnad
- 2 vitlöksklyftor, hackade
- 2 paprikor, kärnade och hackade
- 1 ungersk vaxpeppar, kärnad och finhackad
- 1 tsk cayennepeppar
- 1 msk ungersk paprika
- 1 tsk grovt salt
- 1/2 tsk mald svartpeppar
- 1/2 tsk fågelkrydda
- 6 uns gräddfil
- 1 msk pilrotspulver

- 1 kopp vatten

Vägbeskrivning

1. Tryck på "Sauté"-knappen för att värma upp Instant Pot. Smält nu ister tills det är varmt; stek kycklinglåren i 2 till 3 minuter per sida.

2. Tillsätt tomatpuré, 1 ½ dl vatten, lök, morot, selleri, vitlök, paprika och kryddor.

3. Säkra locket. Välj inställningen "Manuell" och koka i 20 minuter vid högt tryck. När tillagningen är klar, använd en snabb tryckavlastning; ta försiktigt av locket.

4. Under tiden, blanda noggrant gräddfil, arrowroot pulver och 1 kopp vatten; vispa ihop väl.

5. Tillsätt gräddfilsblandningen i Instant Pot för att tjockna matlagningsvätskan. Koka ett par minuter på restvärmen.

6. Häll upp i individuella skålar och servera omedelbart.

Medley med kyckling och svamp

Förberedelsetid: 20 minuter

Portioner 8

Näringsvärde per portion: 222 kalorier; 12 g fett; 2,5 g totalt kolhydrater; 24,6 g protein; 1 g socker

Ingredienser

- 2 tsk olivolja
- 2 pund kycklingbrösthalvor, i tärningar
- 1 tsk cayennepeppar
- 1 tsk lökpulver
- 1/2 tsk porcinipulver
- Havssalt, efter smak
- 1/4 tsk nymalen svartpeppar, eller mer efter smak
- 1 dl vita svampar, tunt skivade
- 1 palsternacka, hackad
- 4 vitlöksklyftor, hackade
- 2 dl grönsaksbuljong
- 2 lagerblad
- 1/2 kopp halv-och-halv grädde
- 2 råga matskedar färsk koriander

Vägbeskrivning

1. Tryck på "Sauté"-knappen för att värma upp Instant Pot. Värm nu oljan tills den fräser. Koka sedan

kycklingbröstet i 4 till 6 minuter, vänd dem några gånger.

2. Tillsätt cayennepeppar, lökpulver, porcinipulver, salt, svartpeppar och vita svampar. Fortsätt sautera tills de doftar.
3. Rör nu ner palsternacka, vitlök, buljong och lagerblad.
4. Säkra locket. Välj inställningen "Manuell" och koka i 10 minuter vid högt tryck. När tillagningen är klar, använd en snabb tryckavlastning; ta försiktigt av locket.
5. Tillsätt halv och halv grädde och rör om tills matlagningsvätskan tjocknat något. Servera garnerad med färsk koriander. Smaklig måltid!

*Omedelbar**Kyckling Teriyaki***

Förberedelsetid: 15 minuter

Portioner 6

Näringsvärde per portion: 326 kalorier; 13,2 g fett; 3,1 g totalt kolhydrater; 45,6 g protein; 0,7 g socker

Ingredienser

- 1/3 kopp kokos aminos
- 1/4 kopp risvinsvinäger
- 3 matskedar Mirin
- 8 droppar flytande stevia
- 1 msk majsstärkelse
- 1/3 kopp vatten
- 2 matskedar olivolja
- 2 pund kycklinglår, ben- och skinnfria
- 1 tsk vitlökspulver
- 1 tsk ingefärapulver
- Havssalt och svartpeppar, efter smak
- 1/2 tsk söt paprika
- 2/3 dl kycklingfond

Vägbeskrivning

1. Tryck på "Sauté"-knappen för att värma upp din Instant Pot. Tillsätt nu kokosaminos, vinäger, Mirin, flytande stevia och majsstärkelse; vispa att blanda väl.

2. Häll nu i vatten och koka, låt koka upp; koka tills vätskan tjocknar; reservera teriyakisås.

3. Torka av Instant Pot med en fuktig trasa; Värm sedan olivolja och koka kycklingen tills den fått färg. Tillsätt vitlökspulver och ingefärspulver.

4. Krydda med salt, svartpeppar och paprika.

5. Tillsätt kycklingbuljong och 2/3 teriyakisås; rör om för att kombinera. Säkra locket. Välj inställningen "Manuell" och koka i 10 minuter.

6. När tillagningen är klar, använd en naturlig tryckavlastning; ta försiktigt av locket. Servera med resterande 1/3 av teriyakisåsen och njut!

Lazy Chicken Carnitas

Förberedelsetid: 20 minuter

Portioner 8

Näringsvärde per portion: 294 kalorier; 15,4 g fett; 2,8 g totalt kolhydrater; 35,2 g protein; 1,3 g socker

Ingredienser

- 3 pund hel kyckling, skuren i bitar
- 3 vitlöksklyftor, pressade
- 1 guajillo chili, finhackad
- 1 msk avokadoolja
- 1/3 kopp rostad grönsaksbuljong
- Havssalt, efter smak
- 1/2 tsk malet lagerblad
- 1/3 tsk cayennepeppar
- 1/2 tsk paprika
- 1/3 tsk svartpeppar
- 1 dl crème fraiche, att servera
- 2 råga matskedar färsk koriander, hackad

Vägbeskrivning

1. Lägg alla ovanstående ingredienser, förutom crème fraiche och färsk koriander, i Instant Pot.

2. Säkra locket. Välj inställningen "Fjäderfä" och koka i 15 minuter. När tillagningen är klar, använd en snabb tryckavlastning; ta försiktigt av locket.
3. Strimla kycklingen med två gafflar och kassera benen. Tillsätt en klick crème fraiche till varje portion och garnera med färsk koriander. Njut av!

Välsmakande kycklinggulasch

Förberedelsetid: 25 minuter

Portioner 6

Näringsvärde per portion: 353 kalorier; 19,5 g fett; 6,5 g totalt kolhydrater; 34,3 g protein; 4,3 g socker

Ingredienser

- 1 msk olivolja
- 2 pund kycklingbrösthalvor, ben- och skinnfria
- 2 små schalottenlök, hackade
- 1 tsk vitlökspasta
- 1 dl mjölk
- 2 mogna tomater, hackade
- 1 tsk currypulver
- 1 msk tamarisås
- 1 msk balsamvinäger
- 2 matskedar vermouth
- Havssalt, efter smak
- 1/2 tsk cayennepeppar
- 1/3 tsk svartpeppar
- 1/2 tsk varm paprika
- 1/2 tsk ingefära, nyriven
- 1 stjälkselleri med blad, hackad
- 1 paprika, hackad

- 1 msk linfrömjöl

Vägbeskrivning

1. Tryck på "Sauté"-knappen för att värma upp Instant Pot. Tillsätt nu olivolja. När det är varmt, stek kycklingbrösthalvorna i 3 till 4 minuter per sida.
2. Tillsätt schalottenlök, vitlök, mjölk, tomater, currypulver, tamarisås, vinäger, vermouth, salt, cayennepeppar, svartpeppar, varm paprika, ingefära, selleri och paprika i Instant Pot; rör om för att blandas väl.
3. Säkra locket. Välj inställningen "Kött/gryta" och tillaga i 20 minuter vid högt tryck. När tillagningen är klar, använd en snabb tryckavlastning; ta försiktigt av locket.
4. Tillsätt linfrömjöl och fortsätt att röra i restvärmen. Häll upp i serveringsskålar och njut!

Turkiet Köttfärslimpa med Parmigiano-Reggiano

Förberedelsetid: 35 minuter

Portioner 6

Näringsvärde per portion: 449 kalorier; 29,7 g fett; 6,1 g totalt kolhydrater; 36,2 g protein; 3,2 g socker

Ingredienser

- 2 pund malen kalkon
- 2/3 kopp fläskskalsmulor
- 1/2 kopp Parmigiano-Reggiano, riven
- 1 matsked kokos aminos
- 2 ägg, hackade
- Havssalt, efter smak
- 1/4 tsk mald svartpeppar
- 1 gul lök, skalad och hackad
- 2 vitlöksklyftor, hackade
- 4 uns tomatpuré
- 1 msk italiensk krydda
- 1/2 kopp tomatsås
- 1 kopp vatten
- 1 tsk senapspulver
- 1/2 tsk chilipulver

Vägbeskrivning

1. Förbered din Instant Pot genom att lägga till ett metallställ och 1 ½ koppar vatten i botten av innerkrukan.
2. I en stor blandningsskål, blanda noggrant mald kalkon med fläsksmulor, Parmigiano-Reggiano, kokosnötaminos, ägg, salt, svartpeppar, lök, vitlök, tomatpuré, italiensk krydda.
3. Forma denna blandning till en köttfärslimpa; sänk ner din köttfärslimpa på metallstativet.
4. Blanda sedan tomatsås med vatten, senap och chilipulver i en mixerskål. Fördela denna blandning över toppen av din köttfärslimpa.
5. Säkra locket. Välj inställningen "Kött/gryta" och tillaga i 20 minuter vid högt tryck. När tillagningen är klar, använd en naturlig tryckavlastning; ta försiktigt av locket.
6. Efteråt, placera din köttfärslimpa under den förvärmda broilern i 5 minuter. Låt köttfärslimpan vila i 6 till 8 minuter innan du skivar och serverar. God aptit!

Södra Turkiet soppa

Förberedelsetid: 20 minuter

Portioner 4

Näringsvärde per portion: 429 kalorier; 26,2 g fett; 6,7 g totalt kolhydrater; 40,2 g protein; 3,1 g socker

Ingredienser

- 2 tsk kokosolja
- 2 lökar, hackade
- 2 vitlöksklyftor, fint hackade
- 1/2 tsk nyriven ingefära
- 2 tomater, hackade
- 1 stjälkselleri med blad, hackad
- 1 tsk torkad basilika
- 1/2 tsk torkad rosmarin
- 1 lagerblad
- 1/4 tsk nymalen svartpeppar
- 1/2 tsk röd paprikaflingor, krossade
- Havssalt, efter smak
- 3 kalkonlår
- 4 dl rostad grönsaksbuljong
- 1/4 dl färsk persilja, finhackad

Vägbeskrivning

1. Tryck på "Sauté"-knappen för att värma upp Instant Pot. Värm nu oljan. Koka löken och vitlöken tills den är mjuk och aromatisk.
2. Tillsätt riven ingefära, tomater, selleri, basilika, rosmarin, lagerblad, svartpeppar, rödpeppar, salt, kalkonlår och grönsaksbuljong.
3. Säkra locket. Välj inställningen "Manuell" och koka i 15 minuter vid högt tryck. När tillagningen är klar, använd en snabb tryckavlastning; ta försiktigt av locket.
4. Ta bort kalkonlår från soppan; kassera benen, strimla köttet och lägg tillbaka det i Instant Pot.
5. Tillsätt färsk persilja och rör om väl. Servera i individuella skålar. Smaklig måltid!

Kyckling i thailändsk stil

Förberedelsetid: 15 minuter

Portioner 4

Näringsvärde per portion: 192 kalorier; 7,5 g fett; 5,4 g totalt kolhydrater; 25,2 g protein; 2,2 g socker

Ingredienser

- 1 msk kokosolja
- 1 pund kyckling, i tärningar
- 1 schalottenlök, skalad och hackad
- 2 vitlöksklyftor, hackade
- 1 tsk färsk ingefära, skuren
- 1/3 tsk spiskumminpulver
- 1 tsk thailändsk chili, hackad
- 1 dl grönsaksbuljong, gärna hemgjord
- 1 tomat, skalad och hackad
- 1/3 kopp kokosmjölk, osötad
- 1 tsk thailändsk currypasta
- 2 msk tamarisås
- 1/2 kopp groddar
- Salta och nymalen svartpeppar efter smak

Vägbeskrivning

1. Tryck på "Sauté"-knappen för att värma upp Instant Pot. Värm nu kokosoljan. Koka kycklingen i 2 till 3 minuter, rör om ofta; boka.
2. Koka sedan schalottenlök och vitlök i panna tills de är mjuka; tillsätt en skvätt grönsaksbuljong om det behövs.
3. Tillsätt ingefära, spiskummin och thailändsk chili och koka tills det är aromatiskt eller 1 minut till.
4. Rör nu i grönsaksbuljong, tomat, kokosmjölk, thailändsk currypasta och tamarisås.
5. Säkra locket. Välj inställningen "Manuell" och koka i 10 minuter under högt tryck. När tillagningen är klar, använd en snabb tryckavlastning; ta försiktigt av locket.
6. Tillsätt sedan groddar, salt och svartpeppar och servera omedelbart. Smaklig måltid!

Kycklinglår med gröna bönor och potatis

Förberedelsetid: 8 min

Total tid: 25 min

Servering: 6

Ingredienser:

- 2 pund kycklinglår
- 1 pund gröna bönor
- 1 pund potatis, skalad och halverad
- Saften av 1 citron
- 2 msk olivolja
- 1 msk Ghee
- ½ kopp kycklingfond
- 1 tsk blandade örter
- 1 tsk finhackad vitlök

Riktning

1. Ställ in din Instant Pot på SAUTE och smält ghee tillsammans med olivoljan i den.
2. Tillsätt vitlök och koka i 1 minut.
3. Lägg i kycklinglåren och stek dem på alla sidor, tills de blir gyllene.
4. Rör ner citronsaft och örter och koka ytterligare en minut.

5. Tillsätt de återstående ingredienserna och rör om väl för att kombinera.
6. Stäng locket och ställ in IP på MANUELL.
7. Koka i 15 minuter på HÖG.
8. Släpp trycket snabbt.
9. Servera och njut!

Näringsvärden per portion:

Kalorier 500

Totalt fett 27g

Kolhydrater: 19g

Protein 45g

Kostfiber: 3g

Snabbt och enkelt Strimlad vitlökskyckling

Förberedelsetid: 5 min

Total tid: 25 min

Servering: 4

Ingredienser:

- 1 tsk vitlökspulver
- 1 ¾ pund kycklingbröst
- ¼ tsk svartpeppar
- 1 kopp hemgjord kycklingbuljong

Riktning

1. Häll bara alla ingredienser i Instant Pot.
2. Rör om ordentligt och lägg på locket.
3. Vrid den medurs för att täta.
4. Ställ in IP på MANUELL.
5. Koka på HIGH i 20 minuter.
6. Gör en snabb tryckavlastning och öppna locket.
7. Strimla kycklingen i grytan med 2 gafflar.
8. Servera och njut!

Näringsvärden per portion:

Kalorier 430

Totalt fett 17g

Kolhydrater: 0g

Protein 45g

Kostfiber: 0g

Den ultimata mexikanska kycklingen

Förberedelsetid: 5 min

Total tid: 25 min

Servering: 6

Ingredienser:

- 2 pund kycklingbröst
- Saft av 1 lime
- 1 Jalapeno, kärnad och tärnad
- ½ tsk chilipulver
- ½ tsk spiskummin
- 1 grön paprika, tärnad
- 1 röd paprika, tärnad
- 10 uns tomater, tärnade
- 1 rödlök, tärnad
- 1 msk olivolja
- Nypa svartpeppar

Riktning

1. Ställ in IP på SAUTE och tillsätt olivoljan.
2. När du fräser, tillsätt löken och paprikan och koka i 3-4 minuter tills de är mjuka.
3. Tillsätt resten av ingredienserna.
4. Rör om för att kombinera och stäng locket.
5. Ställ in Instant Pot till MANUAL.

6. Koka kycklingen i 15 minuter på HÖGT tryck.
7. Gör en snabb tryckavlastning och öppna locket.
8. Strimla kycklingen med två gafflar och rör om för att kombinera. Detta steg är valfritt, du kan servera kycklingen som den är och garnera med matlagningsvätskan och grönsakerna ovanpå.
9. Njut av!

Näringsvärden per portion:

Kalorier 340

Totalt fett 14g

Kolhydrater: 10g

Protein 45g

Kostfiber: 2g

Instant Rotisserie Chicken

Förberedelsetid: 5 min

Total tid: 40 min

Servering: 4

Ingredienser:

- 1 hel kyckling ca 2 ½ - 3 lb
- 1 ½ msk olivolja
- 1 kopp hemgjord kycklingbuljong
- 1 tsk rökt paprika
- 1 tsk vitlökspulver

Riktning

1. Tvätta kycklingen väl och torka den med lite hushållspapper.
2. I en liten skål, kombinera paprikan, vitlökspulvret och oljan.
3. Gnid in denna blandning i kycklingen.
4. Ställ in din Instant Pot på SAUTE och placera kycklingen inuti.
5. Bryn på alla sidor tills den blir gyllene.
6. Häll buljongen runt kycklingen och stäng locket.
7. Ställ in IP på MANUAL och tillaga på HIGH i 25 minuter.
8. Släpp trycket snabbt.
9. Låt stå i 10 minuter innan servering.

10. Njut av!

Näringsvärden per portion:

Kalorier 585

Totalt fett 20g

Kolhydrater: 0,7g

Protein 95g

Kostfiber: 0,3g

Kalkon med purjolök och svamp

Förberedelsetid: 8 min

Total tid: 25 min

Servering: 6

Ingredienser:

- 2 pund kalkonbröst, skurna i stora bitar
- 2 msk Arrowroot
- ½ kopp hemgjord kycklingbuljong
- ½ kopp mandelmjölk
- 2 purjolök, skivad
- 4 msk Ghee
- 1 ¼ pund svamp, skivad
- ¼ tsk vitlökspulver
- ¼ tsk svartpeppar

Riktning

1. Krydda kalkonen med vitlökspulver och peppar.
2. Ställ in din IP på SAUTE och lägg till ghee.
3. När de smält, tillsätt kalkonbitarna och koka tills de inte längre är rosa. Överför dem till en tallrik.
4. Tillsätt purjolök och svamp till IP och koka i 3 minuter.
5. Lägg tillbaka kalkonen i grytan och häll över buljongen.
6. Stäng locket och koka i 8 minuter på HÖG.
7. Släpp trycket naturligt.

8. Vispa ihop mandelmjölk och arrowroot och rör ner i grytan.
9. Koka på SAUTE tills det tjocknat.
10. Servera och njut!

Näringsvärden per portion:

Kalorier 555

Totalt fett 24g

Kolhydrater: 37g

Protein 50g

Kostfiber: 3g

Kyckling med lök och gröna oliver

Förberedelsetid: 5 min

Total tid: 20 min

Servering: 4

Ingredienser:

- 4 kycklingbröst
- 1 burk Gröna Oliver, urkärnade
- ½ kopp rödlök, skivad
- 1 kopp hemgjord kycklingbuljong
- 2 msk Ghee
- 2 msk citronsaft
- Nypa peppar

Riktning

1. Ställ in din Instant Pot på SAUTE och tillsätt ghee.
2. När den smält, tillsätt kycklingen och bryn på alla sidor.
3. Tillsätt resten av ingredienserna och lägg på locket.
4. Ställ in Instant Pot på MANUAL och koka på HIGH i 10 minuter.
5. Gör en snabb tryckavlastning.
6. Servera och njut!

Näringsvärden per portion:

Kalorier 500

Totalt fett 34g

Kolhydrater: 2g

Protein 44g

Kostfiber: 0,5g

Juicy och fall-off-bone trumpinnar

Förberedelsetid: 5 min

Total tid: 45 min

Servering: 3

Ingredienser:

- 6 Kycklingklubbor
- ½ paprika, tärnad
- 2 tsk finhackad vitlök
- 1 msk olivolja
- 2 koppar vatten
- ½ rödlök, tärnad
- 2 msk tomatpuré
- Nypa peppar

Riktning

1. Ställ in din IP på SAUTE och värm olivoljan i den.
2. Tillsätt lök och peppar och koka i 3 minuter.
3. Tillsätt vitlöken och koka ytterligare en minut.
4. Placera trumpinnar inuti.
5. Vispa ihop tomatpuré och vatten och häll blandningen över klubborna.
6. Sätt på locket och förslut.
7. Ställ in IP på MANUELL.
8. Koka på HIGH i 15 minuter.

9. Låt trycket sjunka av sig själv.
10. Servera och njut!

Näringsvärden per portion:

Kalorier 450

Totalt fett 27g

Kolhydrater: 5,3g

Protein 42g

Kostfiber: 1,4g

Slow-Cooked Turkiet

Förberedelsetid: 15 min

Total tid: 4 timmar och 15 minuter

Servering: 4

Ingredienser:

- 1 ½ pund kalkonbröst
- 1 msk ekologisk dijonsenap
- 2 msk olivolja
- 2 tsk rökt paprika
- 1 tsk finhackad vitlök
- Nypa svartpeppar
- 1 kopp hemgjord kycklingbuljong

Riktning

1. Ställ in din Instant Pot på SAUTE och tillsätt oljan i den.
2. När det är varmt och fräsande, tillsätt kalkonen och koka tills den blir brun.
3. Vispa ihop ½ av buljongen och resten av ingredienserna och häll över kalkonen.
4. Stäng locket och ställ in IP på LÅNGSAM TILLAGNING.
5. Koka i 2 timmar.
6. Gör en snabb tryckavlastning och häll resterande buljong över.
7. Förslut locket igen och koka i ytterligare 2 timmar.

8. Gör en snabb tryckavlastning.оры

9. Servera och njut!

Näringsvärden per portion:

Kalorier 400

Totalt fett 30g

Kolhydrater: 2,5g

Protein 40g

Kostfiber: 0,5g

Medelhavskycklingvingar

Förberedelsetid: 15 min

Total tid: 10 min

Servering: 4

Ingredienser:

- 12 kycklingvingar
- 2 tsk dragon
- 1 msk Oregano
- 6 msk hemgjord kycklingbuljong
- ¼ kopp hemgjord kycklingbuljong
- 2 msk olivolja
- 1 msk vitlökspuré
- 1 msk basilika
- Nypa peppar
- 1 kopp vatten

Riktning

1. Häll vattnet i Instant Pot och sänk gallret.
2. I en skål, kombinera de återstående ingredienserna.
3. Låt sitta i 15 minuter.
4. Överför kycklingvingarna till en ugnsform.
5. Placera fatet på gallret och stäng locket till IP:n.
6. Ställ in Instant Pot på MANUAL och koka i 10 minuter på HÖG.

7. Gör en snabb tryckavlastning.
8. Servera och njut!

Näringsvärden per portion:

Kalorier 160

Totalt fett 13g

Kolhydrater: 0,6g

Protein 11g

Kostfiber: 0g

Grön kyckling

Förberedelsetid: 8 min

Total tid: 20 min

Servering: 4

Ingredienser:

- 1 1/3 pund kycklingbröst, i tärningar
- 1 dl hackad spenat
- 1/3 kopp basilikablad
- 1/3 kopp kokosgrädde
- 2/3 kopp hemgjord kycklingbuljong
- 1 tsk finhackad vitlök
- 1 msk olivolja

Riktning

1. Värm oljan i Instant Pot på SAUTE.
2. Tillsätt vitlöken och koka i 1 minut.
3. Lägg i kycklingen och koka tills den inte längre är rosa.
4. Rör ner resten av ingredienserna.
5. Sätt på locket och förslut.
6. Ställ in IP på MANUELL.
7. Koka på HIGH i 8 minuter.
8. Gör en snabb tryckavlastning.
9. Servera och njut!

Näringsvärden per portion:

Kalorier 320

Totalt fett 14g

Kolhydrater: 4g

Protein 35g

Kostfiber: 1g

Juicy Herbed Kalkonbröst

Förberedelsetid: 10 min

Total tid: 20 min

Servering: 3

Ingredienser:

- 1 pund kalkonbröst
- ¼ tsk oregano
- ¼ tsk timjan
- 2 msk hackad basilika
- 1 msk hackad persilja
- Nypa peppar
- ¼ tsk vitlökspulver
- 1 msk olivolja
- 1 kopp vatten

Riktning

1. Värm oljan i IP på SAUTE.
2. Tillsätt kalkonen och koka tills den får färg på alla sidor.
3. Rör ner örter och kryddor och häll vattnet över.
4. Stäng locket och ställ in Instant Pot på MANUAL.
5. Koka på HIGH i 10 minuter.
6. Gör en snabb tryckavlastning.
7. Servera som du vill och njut!

Näringsvärden per portion:

Kalorier 320

Totalt fett 15g

Kolhydrater: 0g

Protein 40g

Kostfiber: 0g

Kyckling Spaghetti Squash med Shitakes

Förberedelsetid: 8 min

Total tid: 40 min

Servering: 6

Ingredienser:

- 1 kopp skivad Shitake-svamp
- 2 pund kycklingbröst, hackade
- 1 Spaghetti Squash
- 1 kopp hemgjord kycklingbuljong
- 1 msk Arrowroot
- 1 kopp vatten
- 1 msk kokosolja

Riktning

1. Häll vattnet i IP.
2. Placera spaghetti squash i ångkokkorgen och sänk ner den i IP.
3. Stäng locket och ställ in IP på MANUELL.
4. Koka i 20 minuter på HÖG.
5. Gör en snabb tryckavlastning och ställ åt sidan för att svalna.
6. Kassera matlagningsvätskan och torka av IP:n ren.
7. Ställ in IP på SAUTE och smält kokosoljan inuti.
8. Tillsätt kycklingen och koka tills den blir gyllene.

9. Tillsätt resten av ingredienserna och stäng locket.
10. Koka på HIGH i 8 minuter.
11. Skrapa under tiden ur köttet av squashen med en gaffel, till spagettiliknande strängar.
12. Gör en snabb tryckavlastning och öppna locket.
13. Rör ner spaghettin.
14. Servera och njut!

Näringsvärden per portion:

Kalorier 260

Totalt fett 12g

Kolhydrater: 4g

Protein 22g

Kostfiber: 0g

Thailändsk jordnötskyckling

Förberedelsetid: 5 min

Totaltid: 33 min

Servering: 6

Ingredienser:

- 1 ½ dl rostade jordnötter
- 1 ½ lb kycklingbröst
- 2 vitlöksklyftor, hackade
- Salta och peppra efter smak
- 2 msk. hackad salladslök till garnering

Vägbeskrivning

1. Placera 1 kopp rostade jordnötter i en matberedare och mixa tills det är slätt. Detta kommer att fungera som ditt jordnötssmör. För den återstående halva koppen jordnötter, hacka tills den är fin. Avsätta.
2. Tryck på Sauté-knappen på Instant Pot och lägg på kycklingbrösten och vitlöken. Fortsätt att röra i 3 minuter tills köttet har blivit lätt gyllene.
3. Krydda med salt och peppar efter smak.
4. Häll på jordnötssmöret som du har förberett tidigare. Rör om ordentligt och häll en kopp vatten.
5. Stäng locket och förslut ventilen.

6. Tryck på knappen Manuell och justera tillagningstiden till 25 minuter.
7. Gör naturlig tryckavlastning.
8. Garnera med hackade nötter och salladslök före servering.

Kalorier:575; Totalt fett: 34,8 g; Kolhydrater: 2,5 g; Kostfiber: 0,2g; Protein: 42g

Thai gås med basilika

Förberedelsetid: 10 min

Total tid: 40 min

Servering: 4

Ingredienser:

- 2 msk finhackad chili
- 2 msk kokosolja
- 2 tsk finhackad vitlök
- 1 tsk finhackad ingefära
- 2 koppar gåskuber
- ¼ kopp hackad basilika
- 2 msk Coconut Aminos
- 1 ½ dl vatten

Riktning

1. Ställ in din Instant Pot på SAUTE och tillsätt hälften av kokosoljan i den.
2. När den smält, tillsätt gåsen och koka tills den får färg.
3. Överför gåsen till en ugnsform.
4. Tillsätt resten av ingredienserna, förutom vattnet, i skålen och rör om.
5. Häll vattnet i IP och sänk underlägget.
6. Ställ ugnsformen på underlägget och stäng locket.
7. Koka på MANUELL i 10 minuter.

8. Gör en snabb tryckavlastning.
9. Servera och njut!

Näringsvärden per portion:

Kalorier 190

Totalt fett 9g

Kolhydrater: 2g

Protein 27g

Kostfiber: 1g

Kokosgrönkålskyckling

Förberedelsetid: 3 min

Total tid: 30 min

Servering: 4

Ingredienser:

- 1 ½ pund kycklingbröst, hackade
- ½ kopp konserverade tärnade tomater
- ¾ kopp kokosmjölk
- 1 kopp hackad grönkål
- 1 vitlöksklyfta, finhackad
- ¼ tsk Lökpulver
- ¼ tsk paprika
- Nypa peppar
- 2/3 kopp hemlagad kycklingfond
- ½ tsk oregano
- 1 msk olivolja

Riktning

1. Värm oljan i Instant Pot på SAUTE.
2. Tillsätt vitlöken och koka i 30 sekunder.
3. Tillsätt kyckling, oregano och kryddor och koka tills kycklingen blir gyllene.
4. Häll fonden över och stäng locket.
5. Koka på HIGH i 24 minuter.

6. Gör en snabb tryckavlastning.
7. Öppna locket och tillsätt resterande ingredienser.
8. Rör om och stäng locket igen.
9. Koka på HIGH i ytterligare 4 minuter.
10. Släpp snabbt trycket och servera med såsen.
11. Njut av!

Näringsvärden per portion:

Kalorier 455

Totalt fett 26g

Kolhydrater: 3g

Protein 55g

Kostfiber: 2g

Instant Pot Vitlökskyckling

Förberedelsetid: 8 min

Totaltid: 40 min

Servering: 4

Ingredienser:

- 3 msk. kokosolja
- 5 vitlöksklyftor, hackade
- 4 kycklingbröst, halverade
- Salta och peppra efter smak
- 1½ dl vatten

Vägbeskrivning

1. Tryck på Sauté-knappen på Instant Pot och värm kokosoljan. Fräs vitlöken tills den doftar och rör sedan ner kycklingbrösten. Krydda med salt och peppar efter smak.
2. Rör om i 5 minuter och häll sedan i vatten.
3. Stäng locket och förslut ventilen. Tryck på knappen Manuell och justera tillagningstiden till 30 minuter.
4. Gör naturlig tryckavlastning.

Kalorier:591; Totalt fett: 37,5 g; Kolhydrater: 1,1 g; Kostfiber: 0,7 g; Protein: 60,8g

Instant Pot Lemon Olive Chicken

Förberedelsetid: 10 min

Total tid: 30 min

Servering: 4

Ingredienser:

- 4 benfria kycklingbröst utan skinn
- ½ kopp kokosolja
- 1/4 tsk svartpeppar
- 1/2 tsk spiskummin
- 1 tsk havssalt
- 1 kopp hemgjord kycklingbensbuljong
- 2 msk. färsk citronsaft
- 1/2 kopp rödlök, skivad
- 1 burk urkärnade gröna oliver
- 1/2 citron, tunt skivad

Riktning

1. Krydda generöst kycklingbröst med spiskummin, peppar och salt; ställ in din snabbgryta på sautéläge och smält kokosolja; tillsätt kyckling och bryn båda sidor.
2. Rör ner resterande ingredienser; låt sjuda försiktigt och lås sedan locket.

3. Koka på hög temperatur i 10 minuter och använd sedan snabbfrigöringsmetoden för att släppa trycket.
4. Servera och njut!

Näringsvärden per portion:

Kalorier 420

Totalt fett 38,7g

Kolhydrater: 0,6 g

Protein 42,4g

Kostfiber: 0,2g

Instant Pot Chicken Shawarma

Förberedelsetid: 10 min

Total tid: 25 min

Servering: 8

Ingredienser:

- 1 pund kycklinglår
- 1 pund kycklingbröst, skivade
- 1/8 tsk kanel
- 1/4 tsk chilipulver
- 1 tsk malen spiskummin
- 1/4 tsk mald kryddpeppar
- 1/4 tsk granulerad vitlök
- 1/2 tsk gurkmeja
- 1 tsk paprika
- Nypa salt
- Nypa peppar
- 1 kopp hemgjord kycklingbuljong

Riktning

1. Blanda alla ingredienser i din snabbgryta och lås locket;
2. Koka på fågelinställning i 15 minuter och släpp trycket naturligt.

3. Servera kyckling med sås över mosad sötpotatis med tahinisås.

Näringsvärden per portion:

Kalorier 223

Totalt fett 8,7 g

Kolhydrater: 0,7 g

Protein 35,5g

Kostfiber: 0,2g

Italienskinspirerad krämig kyckling

Förberedelsetid: 5 min

Tillagningstid: 15 min

Portioner: 4

Ingredienser:

- 4 benfria, skinnfria kycklinglår
- 1 tsk olivolja
- 1 kopp hemgjord kycklingbuljong med låg natriumhalt
- ⅓ kopp osötad kokosgrädde eller osötad mandelkräm
- 1½ matskedar pilrotspulver
- 1 msk ekologisk basilikapesto
- 1 msk ekologisk italiensk krydda
- 2 msk ekologisk hackad vitlök
- 1 msk ekologisk hackad lök
- Nypa salt, peppar
- Färsk persilja

Riktning

1. Tryck på "Sauté"-funktionen på Instant Pot. Tillsätt olivolja.
2. När det är varmt, tillsätt lök, vitlök. Koka 2 minuter. Lägg till kyckling. Stek 2 minuter per sida tills de är gyllenbruna. Krydda med salt, peppar, italiensk krydda. Rör i buljong.

3. Lås, förslut locket. Tryck på knappen "Manuell". Koka på HIGH 8 minuter.
4. När du är klar släpper du trycket naturligt i 5 minuter och släpper sedan snabbt. Ta bort locket.
5. Tryck på funktionen "Sauté". Rör ner arrowroot-pulver. Rör om för att belägga ingredienserna. Vispa i kokosgrädde, basilikapesto. Vispa. Låt puttra tills det tjocknar. Krydda om det behövs.
6. Servera i skålar. Garnera med färsk persilja.

Kalorier: 242, fett: 15 g, kolhydrater: 5,3 g, kostfiber: 1,8 g, protein: 26 g

Instant Pot Pesto Kyckling

Förberedelsetid: 10 min

Totaltid: 40 min

Servering: 4

Ingredienser:

- 2 dl basilikablad
- ¼ kopp extra virgin olivolja
- 5 soltorkade tomater
- Salta och peppra efter smak
- 4 kycklingbröst

Vägbeskrivning

1. Lägg i matberedaren basilikablad, olivolja och tomater. Smaka av med salt och folk efter smak. Tillsätt en kopp vatten om det behövs.
2. Lägg kycklingen i Instant Pot. Häll över pestosåsen.
3. Stäng locket och förslut ventilen. Tryck på knappen Manuell och justera tillagningstiden till 30 minuter.

Gör naturlig tryckavlastning.

Kalorier:556; Totalt fett: 32,7 g; Kolhydrater: 1,1 g; Kostfiber: 0,7 g; Protein: 60,8g

Citronkyckling

Förberedelsetid: 4 min

Tillagningstid: 15 minuter

Portioner: 3

Ingredienser:

- 3 benfria, skinnfria kycklinglår eller kycklingbröst
- 1/2 liten gul lök, finhackad
- 2 vitlöksklyftor, hackade
- 1 msk ekologisk italiensk krydda
- 1/4 tsk ekologisk rökt eller vanlig paprika
- Skal och saft från 1 citron
- 1/4 citron, tunt skivad
- ½ kopp hemgjord kycklingbuljong med låg natriumhalt
- 1/4 matsked färsk persilja, finhackad
- 1 msk olivolja
- 1/2 msk ghee-klarat smör
- 1/2 tsk ekologiskt vitlökspulver
- Nypa salt, peppar

Riktning

1. I en skål, kombinera salt, peppar, vitlökspulver, paprika, italiensk krydda. Belägg kycklingen på alla sidor med blandningen.
2. Tryck på "Sauté"-funktionen på Instant Pot. Tillsätt olivoljan.

3. När det är varmt, koka vitlök, lök 2 minuter, rör om då och då. Lägg till kyckling. Bryn på alla sidor. Rör ner ghee, citronsaft, citronskal.
4. Lägg citronskivor ovanpå kycklingen.
5. Lås, täta locket. Tryck på knappen "Manuell". Koka på HIGH 8 minuter.
6. När du är klar släpper du trycket naturligt i 5 minuter och släpper sedan snabbt. Ta bort locket.
7. Servera på ett fat. Garnera med färsk persilja, färska citronskivor. Tjäna.

Kalorier: 380, Fett: 22,1 g, Kolhydrater: 1,8 g, Kostfiber: 0,5 g, Protein: 42,5 g

Läcker biffgryta

Portioner: 4

Tillagningstid: 30 minuter

Ingredienser:

- 2 ½ lbs chuckstek, utan ben
- 1 dl kycklingfond
- ½ kopp balsamvinäger
- 1 msk Worcestershiresås
- 1 msk sojasås
- 1 msk honung
- ½ tsk röd paprikaflingor
- 4 vitlöksklyftor, hackade

Vägbeskrivning:

1. Tillsätt alla ingredienser i snabbgrytan och rör om väl.
2. Förslut grytan med lock och låt koka högt i 30 minuter.
3. Låt trycket släppa naturligt och öppna sedan locket.
4. Servera och njut.

Näringsvärden per portion:

Kalorier: 648; Kolhydrater: 7g; Protein: 94,3 g; Fett: 23,7 g; Socker: 5,5 g; Natrium: 647mg

Klassisk lammben

Portioner: 4

Tillagningstid: 15 minuter

Ingredienser:

- 2 lbs lammben, benfritt och skär i bitar
- 2 msk tomatpuré
- ½ dl nötbuljong
- 1 tsk oregano, hackad
- 2 tsk timjan, hackad
- 1 tsk rosmarin, hackad
- 2 morötter, hackade
- 1 dl lök, hackad
- 1 dl rött vin
- 4 vitlöksklyftor, skivade
- 1 msk olivolja
- Peppar
- Salt

Vägbeskrivning:

1. Krydda köttet med peppar och salt.
2. Tillsätt olja i snabbgrytan och sätt grytan på sautéläge.
3. Lägg köttet i grytan och fräs tills det är brunt.
4. Tillsätt vitlök och fräs i 30 sekunder.
5. Tillsätt rött vin och rör om väl.

6. Tillsätt resterande ingredienser i grytan och rör om väl.
7. Förslut grytan med lock och låt koka högt i 15 minuter.
8. Låt trycket släppa naturligt och öppna sedan locket.
9. Servera och njut.

Näringsvärden per portion:

Kalorier: 542; Kolhydrater: 10,6g; Protein: 65,3 g; Fett: 20,4g; Socker: 4,2 g; Natrium: 343mg

Asiatiskt fläsk

Portioner: 4

Tillagningstid: 8 minuter

Ingredienser:

- 1 ½ lbs fläskaxel, benfri och skuren i strimlor
- 1 dl salladslök, hackad
- 1 msk majsstärkelse
- 1 msk vatten
- 3 dl kål, skivad
- 2 vitlöksklyftor, hackade
- 1 msk sesamolja
- ¼ kopp torr sherry
- ¼ kopp sojasås
- ½ dl kycklingfond
- 0,5 oz torkad svamp, skuren i bitar

Vägbeskrivning:

1. Tillsätt kött i snabbgrytan tillsammans med vitlök, olja, sherry, sojasås, svamp och fond. Blanda väl.
2. Förslut grytan med lock och låt koka högt i 8 minuter.
3. Låt trycket släppa naturligt och öppna sedan locket.
4. Tillsätt kål och rör om väl. Koka i sautéläge tills kålen är mjuk.

5. I en liten skål, blanda ihop majsstärkelse och 1 msk vatten och häll i grytan. Rör om tills det tjocknat, ca 1-2 minuter.
6. Tillsätt salladslök och rör om väl.
7. Servera och njut.

Näringsvärden per portion:

Kalorier: 568; Kolhydrater: 8,6g; Protein: 42g; Fett: 40g; Socker: 2,7 g; Natrium: 1124mg

Salsa fläsk

Portioner: 4

Tillagningstid: 15 minuter

Ingredienser:

- 2 lbs fläskaxel, benfri och skuren i bitar
- ¼ kopp färsk koriander, hackad
- ½ dl kycklingfond
- 1 tsk torkad oregano
- 1 tsk malen spiskummin
- 1 msk honung
- oz burk tomater, avrunna och tärnade
- 16 oz salsa
- Peppar
- Salt

Vägbeskrivning:

1. Krydda köttet med peppar och salt.
2. Tillsätt kött, fond, oregano, spiskummin, honung, tomater och salsa i grytan.
3. Förslut grytan med lock och låt koka högt i 15 minuter.
4. Låt trycket släppa naturligt och öppna sedan locket.
5. Strimla köttet med en gaffel.
6. Tillsätt koriander och rör om väl.
7. Servera och njut.

Näringsvärden per portion:

Kalorier: 735; Kolhydrater: 17,3g; Protein: 55,7 g; Fett: 48,9 g; Socker: 11,4 g; Natrium: 1189mg

BBQ fläsk revben

Portioner: 6

Tillagningstid: 30 minuter

Ingredienser:

- 1 kopp vatten
- 3 lbs fläsk revbensspjäll
- ¼ kopp tomatsås
- 1 dl BBQ-sås
- ½ tsk svartpeppar
- ½ tsk torkad oregano
- 1 tsk vitlökspulver
- 2 tsk paprika
- 1 msk farinsocker
- ½ tsk salt

Vägbeskrivning:

1. Blanda alla kryddor i en liten skål.
2. I en annan skål, blanda ihop tomatsås och ½ kopp BBQ-sås.
3. Gnid kryddblandningen över fläskrevbenen och släng sedan revbenen med såsblandningen.
4. Tillsätt fläsk revben och vatten i snabbgrytan.
5. Förslut grytan med lock och låt koka högt i 30 minuter.

6. Släpp trycket med snabbkopplingsmetoden än öppna locket.
7. Förvärm broilern. Lägg revbenen på en bakplåt och toppa med resterande BBQ-sås och stek i 3-5 minuter.
8. Servera och njut.

Näringsvärden per portion:

Kalorier: 694; Kolhydrater: 18,1g; Protein: 60,4 g; Fett: 40,4g; Socker: 12,9 g; Natrium: 847mg

BBQ Pulled Pork

Portioner: 4

Tillagningstid: 15 minuter

Ingredienser:

- 2 lbs fläskaxel, benfri och skuren i bitar
- 1 kopp öl
- 1 msk vinäger
- ¾ kopp BBQ-sås
- 1/8 tsk cayennepeppar
- 1 tsk svartpeppar
- ¼ tsk oregano
- ½ tsk lökpulver
- 1 tsk malen spiskummin
- 2 tsk chilipulver
- 2 tsk paprika
- 1 msk farinsocker
- 1 tsk havssalt

Vägbeskrivning:

1. Blanda ihop all krydda i en liten skål.
2. Lägg köttet i en stor skål. Gnid kryddblandningen över hela köttet.
3. Häll vinäger och BBQ-sås över köttet och rör om väl.
4. Tillsätt öl- och köttblandningen i snabbgrytan.

5. Förslut grytan med lock och låt koka högt i 15 minuter.
6. Släpp trycket med snabbkopplingsmetoden än öppna locket.
7. Strimla köttet med en gaffel och servera.

Näringsvärden per portion:

Kalorier: 779; Kolhydrater: 23,5g; Protein: 53,6 g; Fett: 49,2g; Socker: 14,8 g; Natrium: 1165mg

Fläskkotletter med sås

Portioner: 4

Tillagningstid: 18 minuter

Ingredienser:

- 2 ½ kg fläskkotletter
- 1 msk majsstärkelse
- 2 msk vatten
- 1 dl kycklingfond
- ½ tsk timjan
- 2 msk torkad lök, hackad
- 3 vitlöksklyftor, krossade
- ¼ kopp torrt vitt vin
- 2 lökar, skivade
- 2 msk olivolja
- Peppar
- Salt

Vägbeskrivning:

1. Krydda köttet med peppar och salt och ställ åt sidan.
2. Tillsätt olja i snabbgrytan och sätt grytan på sautéläge.
3. Tillsätt lök i grytan och fräs i 10 minuter.
4. Tillsätt vitlök och vin och rör om väl.
5. Tillsätt timjan och torkad lök. Tillsätt kryddade fläskkotletter med fond. Rör om väl för att kombinera.

6. Förslut grytan med lock och låt koka högt i 8 minuter.
7. Låt trycket släppa naturligt än att öppna locket.
8. Ta bort fläskkotletter från grytan och lägg på en tallrik.
9. I en liten skål, blanda ihop majsstärkelse och vatten och häll i snabbgrytan och koka på sautéläge tills såsen tjocknar.
10. Häll såsen över fläskkotletter och servera.

Näringsvärden per portion:

Kalorier: 636; Kolhydrater: 3,9 g; Protein: 88,7 g; Fett: 26,1 g; Socker: 0,6 g; Natrium: 390mg

Spicy & Smoky Beef

Portioner: 4

Tillagningstid: 15 minuter

Ingredienser:

- 1 ¾ lbs flankstek, skuren i strimlor
- ½ dl kycklingfond
- ½ kopp tomatsås
- 1 lök, skivad
- 2 paprika, skivade
- ½ tsk oregano
- 1 tsk paprika
- 1 chipotlepeppar i adobosås
- 3 vitlöksklyftor, hackade
- 2 msk olivolja
- Peppar
- Salt

Vägbeskrivning:

1. Krydda köttet med peppar och salt.
2. Tillsätt olja i snabbgrytan och sätt grytan på sautéläge.
3. Lägg köttet i grytan och fräs tills det är brunt.
4. Tillsätt resten av ingredienserna i grytan och rör om väl för att kombinera.
5. Förslut grytan med lock och låt koka högt i 15 minuter.

6. Låt trycket släppa naturligt och öppna sedan locket.
7. Strimla köttet med en gaffel och servera,

Näringsvärden per portion:

Kalorier: 492; Kolhydrater: 10,2g; Protein: 57,1 g; Fett: 24,2g; Socker: 5,6 g; Natrium: 490mg

Coconut Beef Curry

Portioner: 4

Tillagningstid: 15 minuter

Ingredienser:

- 1 ½ lbs nötkött, benfritt och skär i bitar
- ½ kopp basilika, skivad
- 2 msk farinsocker
- 2 msk fisksås
- ¼ dl kycklingfond
- ¾ kopp kokosmjölk
- 2 msk currypasta
- 1 lök, skivad
- 1 paprika, skivad
- 1 sötpotatis, skalad och skuren i bitar

Vägbeskrivning:

1. Tillsätt alla ingredienser utom basilika i snabbgrytan och rör om väl.
2. Förslut grytan med lock och låt koka högt i 15 minuter.
3. Låt trycket släppa naturligt och öppna sedan locket.
4. Tillsätt basilika och rör om väl.
5. Servera över ris och njut.
6. Näringsvärden per portion:
7. Kalorier: 538; Kolhydrater: 20,2g; Protein: 54,8 g; Fett: 25,9 g; Socker: 10,8 g; Natrium: 875mg

Klassiska ryggbiffspetsar med sås

Portioner: 4

Tillagningstid: 10 minuter

Ingredienser:

- 1 ½ lbs nötköttstips
- 1 msk majsstärkelse
- 2 msk vatten
- 1 dl kycklingfond
- ¼ kopp torr sherry
- 1 ½ tsk timjan
- 2 msk torkad lök, hackad
- 8 oz champinjoner, skivade
- 2 lökar, skivade
- Peppar
- Salt

Vägbeskrivning:

1. Blanda samman maizena och vatten i en liten skål. Avsätta
2. Krydda köttet med peppar och salt.
3. Lägg köttet i grytan tillsammans med resterande ingredienser och rör om väl.
4. Förslut grytan med lock och låt koka högt i 10 minuter.
5. Låt trycket släppa naturligt och öppna sedan locket.

6. Ta ut köttet ur grytan och lägg på ett fat.
7. Tillsätt majsstärkelseblandningen i grytan och koka på sautéläge tills såsen tjocknar.
8. Lägg tillbaka köttet i grytan och rör om väl.
9. Servera och njut.

Näringsvärden per portion:

Kalorier: 426; Kolhydrater: 5,3g; Protein: 47,9 g; Fett: 22,9 g; Socker: 1,7 g; Natrium: 341mg

Moist & Tender Chuck Roast

Portioner: 6

Tillagningstid: 20 minuter

Ingredienser:

- 3 lbs nötchuckstek, utan ben och skär i bitar
- 2 msk persilja, hackad
- ½ dl rött vin
- ½ dl kycklingfond
- 1 msk sojasås
- 2 msk tomatpuré
- ½ tsk timjan
- 3 vitlöksklyftor, krossade
- 2 revbenselleri, hackade
- 2 morötter, skalade och skivade
- 2 lökar, hackade
- Peppar
- Salt

Vägbeskrivning:

1. Krydda köttet med peppar och salt och ställ åt sidan.
2. Tillsätt lök, vin, fond, sojasås, tomatpuré, timjan, vitlök, selleri, morötter, peppar och salt i grytan och rör om väl. Lägg köttet ovanpå.
3. Förslut grytan med lock och låt koka högt i 20 minuter.

4. Låt trycket släppa naturligt och öppna sedan locket.

5. Strimla köttet med en gaffel.

6. Tillsätt persilja och rör om väl.

7. Servera och njut.

Näringsvärden per portion:

Kalorier: 872; Kolhydrater: 7,9 g; Protein: 60,5 g; Fett: 63,3g; Socker: 3,5 g; Natrium: 409mg

Honungsfläskstek

Portioner: 2

Tillagningstid: 35 minuter

Ingredienser:

- 1 lb fläskstek
- 1 msk sojasås
- 2 msk riven parmesanost
- ½ msk olivolja
- ½ msk vitlök, hackad
- ½ dl kycklingfond
- ½ msk majsstärkelse
- ½ msk basilika
- 2 msk honung
- Salt

Vägbeskrivning:

1. Tillsätt alla ingredienser i snabbgrytan och rör om väl.
2. Förslut grytan med lock och koka i köttläge i 35 minuter.
3. Låt trycket släppa naturligt än att öppna locket.
4. Rör om väl och servera varm.

Näringsvärden per portion:

Kalorier: 618; Kolhydrater: 20,6g; Protein: 68,5 g; Fett: 27,3 g; Socker: 17,6 g; Natrium: 968mg

Enkla köttbullar

Portioner: 2

Tillagningstid: 25 minuter

Ingredienser:

- 1 ägg
- ¼ kopp lök, hackad
- ¾ lb malet fläsk
- ¾ tsk farinsocker
- ¼ kopp kokosmjölk
- 1 msk ströbröd

Vägbeskrivning:

1. Kombinera kött, ströbröd och ägg i en skål.
2. Gör små bollar av köttblandningen.
3. Tillsätt kokosmjölk och förberedda köttbullar i snabbgrytan.
4. Tillsätt lök och farinsocker och rör om väl.
5. Förslut grytan med lock och låt koka högt i 25 minuter.
6. Låt trycket släppa naturligt och öppna sedan locket.
7. Servera varmt och njut.

Näringsvärden per portion:

Kalorier: 367; Kolhydrater: 6,7g; Protein: 48,6 g; Fett: 15,5 g; Socker: 3,1 g; Natrium: 158mg

Strimlad timjanfläsk

Portioner: 3

Tillagningstid: 40 minuter

Ingredienser:

- 1 lb fläskmage, skuren i tärningar
- 1 tsk timjan
- 1 ½ tsk svartpeppar
- ½ kopp lök, hackad
- ½ dl kycklingfond
- 3 msk vatten
- 1 msk majsstärkelse
- ¼ tsk salt

Vägbeskrivning:

1. Blanda majsstärkelse och vatten i en liten skål och ställ åt sidan.
2. Tillsätt resterande ingredienser i snabbgrytan och rör om väl.
3. Förslut grytan med lock och låt koka högt i 35 minuter.
4. Släpp trycket med snabbkopplingsmetoden än öppna locket.
5. Häll majsstärkelseblandningen i instantgrytan och rör om väl.
6. Servera och njut.

Näringsvärden per portion:

Kalorier: 654; Kolhydrater: 7,2g; Protein: 19,6 g; Fett: 60,2g; Socker: 1g; Natrium: 1324mg

Ananas Kanel Fläsk

Portioner: 2

Tillagningstid: 25 minuter

Ingredienser:

- ½ lb fläskfilé, skivad
- ½ kopp tomatpuré
- ½ tsk rosmarin
- ¼ kopp lök, hackad
- 2 kryddnejlika
- ½ tsk kanel
- ½ tsk muskotnöt
- ½ kopp ananas, skuren i bitar
- 1 kopp ananasjuice

Vägbeskrivning:

1. Tillsätt alla ingredienser utom ananas i snabbgrytan och rör om väl.
2. Förslut grytan med lock och låt koka högt i 25 minuter.
3. Släpp trycket med snabbkopplingsmetoden än öppna locket.
4. Tillsätt ananasbitar och rör om väl.
5. Servera och njut.

Näringsvärden per portion:

Kalorier: 284; Kolhydrater: 29,4g; Protein: 31,6 g; Fett: 4,6 g; Socker: 20,3 g; Natrium: 86mg

Fantastisk banandessert

Förberedelsetid: 10 minuter

Tillagningstid: 30 minuter

Portioner: 4

Ingredienser:

- Saft från ½ citron
- 2 matskedar stevia
- 3 uns vatten
- 1 msk kokosolja
- 4 bananer, skalade och skivade
- ½ tsk kardemummafrön

Vägbeskrivning:

1. Häll bananer, stevia, vatten, olja, citronsaft och kardemumma i din snabbgryta, rör om lite, täck över och koka på High i 30 minuter, skaka grytan då och då.
2. Fördela i skålar och servera.
3. Njut av!

Näringsvärden per portion: Kalorier 87, fett 1, fiber 2, kolhydrater 3, protein 3

Rabarberdessert

Förberedelsetid: 10 minuter

Tillagningstid: 5 minuter

Portioner: 4

Ingredienser:

- 5 dl rabarber, hackad
- 2 matskedar ghee, smält
- 1/3 kopp vatten
- 1 msk stevia
- 1 tsk vaniljextrakt

Vägbeskrivning:

1. Lägg rabarber, ghee, vatten, stevia och vaniljextrakt i din snabbgryta, täck över och koka på hög i 5 minuter.
2. Fördela i små skålar och servera kallt.
3. Njut av!

Näringsvärden per portion: Kalorier 83, fett 2, fiber 1, kolhydrater 2, protein 2

Plommon Delight

Förberedelsetid: 10 minuter

Tillagningstid: 5 minuter

Portioner: 10

Ingredienser:

- 4 pounds plommon, stenar bort och hackade
- 1 kopp vatten
- 2 matskedar stevia
- 1 tsk kanel, pulver
- ½ tsk kardemumma, mald

Vägbeskrivning:

1. Lägg plommon, vatten, stevia, kanel och kardemumma i din snabbgryta, täck över och koka på hög i 5 minuter.
2. Rör om väl, pulsa lite med en stavmixer, dela i små burkar och servera.
3. Njut av!

Näringsvärden per portion: Kalorier 83, fett 0, fiber 1, kolhydrater 2, protein 5

Uppfriskande frukträtt

Förberedelsetid: 10 minuter

Tillagningstid: 10 minuter

Portioner: 4

Ingredienser:

- 1 och ½ pund plommon, stenar borttagna och halverade
- 2 matskedar stevia
- 1 msk kanelpulver
- 2 äpplen, kärnade ur, skalade och skurna i klyftor
- 2 msk citronskal, rivet
- 2 tsk balsamvinäger
- 1 kopp varmt vatten

Vägbeskrivning:

- Lägg plommon, vatten, äpplen, stevia, kanel, citronskal och vinäger i din snabbgryta, täck över och koka på High i 10 minuter.
- Rör om ordentligt igen, dela i små koppar och servera kallt.

Näringsvärden per portion: Kalorier 73, fett 0, fiber 1, kolhydrater 2, protein 4

Dessertgryta

Förberedelsetid: 10 minuter

Tillagningstid: 6 minuter

Portioner: 6

Ingredienser:

- 14 plommon, stenar borttagna och halverade
- 2 matskedar stevia
- 1 tsk kanelpulver
- ¼ kopp vatten

- 2 msk pilrotspulver

Vägbeskrivning:

1. Lägg plommon, stevia, kanel, vatten och arrowroot i din snabbgryta, täck över och koka på High i 6 minuter.
2. Fördela i små burkar och servera kallt.
3. Njut av!

Näringsvärden per portion: Kalorier 83, fett 0, fiber 1, kolhydrater 2, protein 2

Original fruktdessert

Förberedelsetid: 10 minuter

Tillagningstid: 10 minuter

Portioner: 10

Ingredienser:

- 3 koppar konserverade ananasbitar, avrunna
- 3 koppar konserverade körsbär, avrunna
- 2 dl konserverade aprikoser, halverade och avrunna
- 2 dl konserverade persikoskivor, avrunna
- 3 koppar naturlig äppelmos
- 2 koppar konserverade mandarin apelsiner, avrunna
- 2 matskedar stevia
- 1 tsk kanelpulver

Vägbeskrivning:

1. Lägg ananas, körsbär, aprikoser, persikor, äppelmos, apelsiner, kanel och stevia i din snabbgryta, täck över och koka på High i 10 minuter.
2. Fördela i små skålar och servera kallt.
3. Njut av!

Näringsvärden per portion: Kalorier 120, fett 1, fiber 2, kolhydrater 3, protein 2

Läckra äpplen och kanel

Förberedelsetid: 10 minuter

Tillagningstid: 10 minuter

Portioner: 8

Ingredienser:

- 1 tsk kanelpulver
- 12 uns äpplen, kärnade ur och hackade
- 2 msk linfrömjöl blandat med 1 msk vatten
- ½ dl kokosgrädde
- 3 matskedar stevia
- ½ tesked muskotnöt
- 2 tsk vaniljextrakt
- 1/3 kopp pekannötter, hackade

Vägbeskrivning:

1. Blanda linfrömjöl i din snabbgryta med kokosgrädde, vanilj, muskotnöt, stevia, äpplen och kanel, rör om lite, täck över och koka på High i 10 minuter.
2. Dela i skålar, strö pekannötter över och servera.
3. Njut av!

Näringsvärden per portion: Kalorier 120, fett 3, fiber 2, kolhydrater 3, protein 3

Galet läcker pudding

Förberedelsetid: 10 minuter

Tillagningstid: 35 minuter

Portioner: 6

Ingredienser:

- 1 mandarin, skivad
- Saft från 2 mandariner
- 3 matskedar stevia
- 4 uns ghee, smält
- ½ kopp vatten
- 2 msk linmjöl
- ¾ kopp kokosmjöl
- 1 tsk bakpulver
- ¾ kopp mandel, mald

- Olivolja matlagning spray

Vägbeskrivning:

1. Smörj en brödform, lägg skivad mandarin på botten och låt stå åt sidan.
2. Blanda i en skål ghee med stevia, linmjöl, mandel, mandarinjuice, mjöl och bakpulver, rör om och fördela detta över mandarinskivorna.
3. Tillsätt vattnet i din snabbgryta, lägg underlägget ovanpå, lägg till brödformen, täck över och koka på High i 35 minuter.
4. Låt stå åt sidan för att svalna, skiva och servera.
5. Njut av!

Näringsvärden per portion: Kalorier 200, fett 2, fiber 2, kolhydrater 3, protein 4

Underbar bärpudding

Förberedelsetid: 10 minuter

Tillagningstid: 35 minuter

Portioner: 6

Ingredienser:

- 1 dl mandelmjöl
- 2 msk citronsaft
- 2 dl blåbär
- 2 tsk bakpulver
- ½ tsk muskot, mald
- ½ kopp kokosmjölk
- 3 matskedar stevia
- 1 msk linmjöl blandat med 1 msk vatten
- 3 matskedar ghee, smält
- 1 tsk vaniljextrakt
- 1 msk pilrotspulver
- 1 kopp kallt vatten

Vägbeskrivning:

- Blanda blåbär och citronsaft i en smord värmesäker form, rör om lite och fördela på botten.
- Blanda i en skål mjöl med muskotnöt, stevia, bakpulver, vanilj, ghee, linfrömjöl, arrowrot och mjölk, rör om ordentligt igen och fördela över blåbär.
- Häll vattnet i din snabbgryta, tillsätt underlägget och den värmebeständiga skålen, täck över och koka på hög i 35 minuter.
- Låt puddingen svalna, överför till dessertskålar och servera.
- Njut av!

Näringsvärden per portion: Kalorier 220, fett 4, fiber 4, kolhydrater 9, protein 6

Vinterfruktdessert

Förberedelsetid: 10 minuter

Tillagningstid: 15 minuter

Portioner: 6

Ingredienser:

- 1 liter vatten
- 2 matskedar stevia
- 1 pund blandade äpplen, päron och tranbär
- 5-stjärnig anis
- En nypa kryddnejlika, mald
- 2 kanelstänger
- Skal från 1 apelsin, rivet
- Skal från 1 citron, rivet

Vägbeskrivning:

1. Lägg vatten, stevia, äpplen, päron, tranbär, stjärnanis, kanel, apelsin- och citronskal och kryddnejlika i din snabbgryta, täck över och koka på High i 15 minuter.
2. Servera kall.
3. Njut av!

Näringsvärden per portion: Kalorier 98, fett 0, fiber 0, kolhydrater 0, protein 2

Annorlunda efterrätt

Förberedelsetid: 10 minuter

Tillagningstid: 4 minuter

Portioner: 2

Ingredienser:

- 2 dl apelsinjuice
- 4 päron, skalade, urkärnade och skurna i medelstora bitar
- 5 kardemummakapslar
- 2 matskedar stevia
- 1 kanelstång
- 1 liten ingefära bit, riven

Vägbeskrivning:

1. Lägg päron, kardemumma, apelsinjuice, stevia, kanel och ingefära i din snabbgryta, täck över och koka på hög i 4 minuter.
2. Fördela i små skålar och servera kallt.
3. Njut av!

Näringsvärden per portion: Kalorier 100, fett 0, fiber 1, kolhydrater 1, protein 2

Orange efterrätt

Förberedelsetid: 10 minuter

Tillagningstid: 30 minuter

Portioner: 4

Ingredienser:

- 1 och ¾ kopp vatten
- 1 tsk bakpulver
- 1 dl kokosmjöl
- 2 matskedar stevia
- ½ tsk kanelpulver
- 3 msk kokosolja, smält
- ½ kopp kokosmjölk
- ½ kopp pekannötter, hackade
- ½ kopp russin
- ½ kopp apelsinskal, rivet
- ¾ kopp apelsinjuice

Vägbeskrivning:

1. Blanda mjöl med stevia, bakpulver, kanel, 2 msk olja, mjölk, pekannötter och russin i en skål, rör om och överför till en smord värmesäker form.
2. Hetta upp en liten panna på medelhög värme, blanda ¾ dl vatten med apelsinjuice, apelsinskal och resten av oljan, rör om, låt koka upp och häll över pekannöttsblandningen.
3. Häll 1 dl vatten i din snabbgryta, tillsätt underlägget, lägg till en värmesäker skål, täck över och koka på hög i 30 minuter.
4. Servera kall.
5. Njut av!

Näringsvärden per portion: Kalorier 142, fett 3, fiber 1, kolhydrater 3, protein 3

Stor pumpadessert

Förberedelsetid: 10 minuter

Tillagningstid: 30 minuter

Portioner: 10

Ingredienser:

- 1 och ½ tsk bakpulver
- 2 dl kokosmjöl
- ½ tesked bakpulver
- ¼ tesked muskot, mald
- 1 tsk kanelpulver
- ¼ tesked ingefära, riven
- 1 msk kokosolja, smält
- 1 äggvita
- 1 msk vaniljextrakt
- 1 dl pumpapuré
- 2 matskedar stevia
- 1 tsk citronsaft
- 1 kopp vatten

Vägbeskrivning:

1. I en skål, mjöl med bakpulver, bakpulver, kanel, ingefära, muskotnöt, olja, äggvita, ghee, vaniljextrakt, pumpapuré, stevia och citronsaft, rör om väl och överför detta till en smord kakform.
2. Häll vattnet i din snabbgryta, tillsätt underlägg, tillsätt kakformen, täck över och koka på hög i 30 minuter.
3. Låt kakan svalna, skiva och servera.
4. Njut av!

Näringsvärden per portion: Kalorier 180, fett 3, fiber 2, kolhydrater 3, protein 4

Läckra bakade äpplen

Portioner: 6

Tillagningstid: 14 minuter

Ingredienser:

- 6 äpplen, kärnade ur och skär i klyftor
- ¼ tsk muskotnöt
- 1 tsk kanel
- 1/3 kopp honung
- 1 dl rött vin
- ¼ kopp pekannötter, hackade
- ¼ kopp russin

Vägbeskrivning:

1. Tillsätt alla ingredienser i snabbgrytan och rör om väl.
2. Förslut grytan med lock och koka i manuellt läge i 4 minuter.
3. Låt trycket släppa naturligt i 10 minuter och släpp sedan med snabbkopplingsmetoden.
4. Rör om väl och servera.

Näringsvärden per portion:

Kalorier: 233; Kolhydrater: 52,7g; Protein: 1g; Fett: 1,3 g; Socker: 42,6 g; Natrium: 5mg

Fukt pumpa Brownie

Portioner: 16

Tillagningstid: 40 minuter

Ingredienser:

- 3 ägg
- 1 tsk pumpapajkrydda
- ¾ kopp kakaopulver
- ¼ kopp palmsocker
- ¼ kopp lönnsirap
- ½ kopp pumpapuré
- ¼ kopp kokosolja
- Nypa salt

Vägbeskrivning:

1. Spraya ugnsformen med matlagningsspray och ställ åt sidan.
2. Tillsätt alla ingredienser i den stora skålen och rör om väl för att kombinera. Häll smeten i den förberedda ugnsformen.
3. Häll 1 kopp vatten i snabbgrytan och lägg underlägg i grytan.
4. Placera en ugnsform ovanpå underlägget.
5. Förslut grytan med lock och låt koka högt i 40 minuter.
6. Släpp trycket med snabbkopplingsmetoden än öppna locket.
7. Ta ut skålen från grytan och ställ åt sidan för att svalna helt.
8. Skär i bitar och servera.

Näringsvärden per portion:

Kalorier: 77; Kolhydrater: 9,3 g; Protein: 1,9 g; Fett: 4,8 g; Socker: 5,6 g; Natrium: 32mg

Citronkräm

Portioner: 4

Tillagningstid: 11 minuter

Ingredienser:

- 4 ägg
- 1 tsk citronextrakt
- 2/3 kopp socker
- 2 tsk citronskal
- 2 ½ dl mjölk

Vägbeskrivning:

1. Tillsätt citronskal och mjölk i en kastrull och värm på medelvärme. Koka upp och rör hela tiden.
2. När mjölken börjar koka upp, ta bort från värmen. Ställ åt sidan för att svalna i 15 minuter.
3. Häll mjölk genom en sil i en skål.
4. Vispa ihop ägg, citronextrakt i en annan skål i 2-3 minuter.
5. Häll långsamt mjölken i äggblandningen och blanda tills den är slät och krämig.
6. Häll blandningen i de 4 ramekins och täck var och en med folie.
7. Häll 2 koppar vatten i snabbgrytan än placera bordsunderlägg i grytan.

8. Placera ramekins ovanpå underlägget.
9. Förslut grytan med lock och låt koka högt i 8 minuter.
10. Släpp trycket med snabbkopplingsmetoden än öppna locket.
11. Ta ut ramekins från grytan och ställ åt sidan för att svalna helt.
12. Ställ vaniljsåsramekin i kylen i 2 timmar.
13. Servera kyld och njut.

Näringsvärden per portion:

Kalorier: 268; Kolhydrater: 41,5g; Protein: 10,6 g; Fett: 7,5 g; Socker: 40,7 g; Natrium: 134mg

Pumpa Pudding

Portioner: 4

Tillagningstid: 14 minuter

Ingredienser:

- 4 koppar pumpa i tärningar
- 1 msk russin
- ½ tsk kardemummapulver
- ½ kopp torkad kokos
- 10 msk farinsocker
- ½ dl mandelmjölk
- 2 msk ghee

Vägbeskrivning:

1. Tillsätt ghee i snabbgrytan och sätt grytan på sautéläge.
2. Tillsätt pumpa och fräs i 2-3 minuter. Tillsätt mandelmjölk och rör om väl.
3. Förslut grytan med lock och låt koka högt i 5 minuter.
4. Släpp trycket med snabbkopplingsmetoden än öppna locket.
5. Mosa pumpan med potatisstöten.
6. Tillsätt socker och koka i sautéläge i 2-3 minuter.
7. Tillsätt resterande ingredienser och rör om väl för att kombinera och koka i 2-3 minuter.
8. Servera varmt och njut.

Näringsvärden per portion:

Kalorier: 301; Kolhydrater: 14,2g; Protein: 3,5 g; Fett: 14,2g; Socker: 32,3 g; Natrium: 23mg

Lätt yoghurt vaniljsås

Portioner: 6

Tillagningstid: 40 minuter

Ingredienser:

- 1 dl grekisk yoghurt
- 2 tsk kardemummapulver
- 1 dl mjölk
- 1 kopp kondenserad mjölk

Vägbeskrivning:

1. Tillsätt alla ingredienser i den värmesäkra skålen och blanda tills det är väl blandat. Täck skålen med folie.
2. Häll 2 koppar vatten i snabbgrytan än placera bordsunderlägg i grytan.
3. Placera skålen ovanpå underlägget. Förslut grytan med lock och låt koka högt i 20 minuter.
4. Låt trycket släppa naturligt i 20 minuter och släpp sedan med snabbfrigöringsmetoden.
5. Ta bort skålen från grytan och ställ åt sidan för att svalna helt.
6. Ställ vaniljsåsskålen i kylen i 1 timme.
7. Servera kyld och njut.

Näringsvärden per portion:

Kalorier: 215; Kolhydrater: 33,1g; Protein: 7,8 g; Fett: 5,8 g; Socker: 32,4 g; Natrium: 113mg

Zucchini Pudding

Portioner: 4

Tillagningstid: 20 minuter

Ingredienser:

- 2 dl zucchini, strimlad
- ½ tsk kardemummapulver
- 1/3 kopp socker
- 5 oz halv och halv
- 5 oz mjölk

Vägbeskrivning:

1. Tillsätt alla ingredienser utom kardemumma i snabbgrytan och rör om väl.
2. Förslut grytan med lock och låt koka högt i 10 minuter.
3. Låt trycket släppa naturligt i 10 minuter och släpp sedan med snabbkopplingsmetoden.
4. Tillsätt kardemumma och rör om väl.
5. Servera och njut.

Näringsvärden per portion:

Kalorier: 136; Kolhydrater: 22g; Protein: 2,9 g; Fett: 4,9 g; Socker: 19,3 g; Natrium: 37mg

Läcker Pina Colada

Portioner: 8

Tillagningstid: 12 minuter

Ingredienser:

- 1 kopp Arborio ris
- 1 msk kanel
- 5 oz burk ananas, krossad
- oz kokosmjölk
- 1 kopp kondenserad mjölk
- 1½ dl vatten

Vägbeskrivning:

1. Tillsätt ris och vatten i snabbgrytan och rör om väl.
2. Förslut grytan med lock och koka på låg i 12 minuter.
3. Släpp trycket med snabbkopplingsmetoden än öppna locket.
4. Tillsätt resterande ingredienser och rör om väl.
5. Servera och njut.

Näringsvärden per portion:

Kalorier: 330; Kolhydrater: 45,4g; Protein: 5,8 g; Fett: 14,9 g; Socker: 24,2g; Natrium: 59mg

Äppelkolakaka

Portioner: 8

Tillagningstid: 35 minuter

Ingredienser:

- 21 oz äppelfruktfyllning
- ¼ kopp kolasirap
- ½ kopp smör, skuren i skivor
- 15 oz gul kakmix

Vägbeskrivning:

1. Spraya ugnsform med matlagningsspray. Fördela äppelfruktsfyllning i botten av ugnsformen.
2. Tillsätt karamellsirap och rör om för att täcka.
3. Toppa med gul kakmix och smörskivor.
4. Häll 1 kopp vatten i snabbgrytan och lägg underlägg i grytan.
5. Placera en ugnsform ovanpå underlägget.
6. Förslut grytan med lock och låt koka högt i 35 minuter.
7. Släpp trycket med snabbkopplingsmetoden än öppna locket.
8. Servera och njut.

Näringsvärden per portion:

Kalorier: 357; Kolhydrater: 57g; Protein: 2g; Fett: 13g; Socker: 28g; Natrium: 596mg

Äppelrispudding

Portioner: 8

Tillagningstid: 15 minuter

Ingredienser:

- ¾ kopp Arborio ris
- 1 tsk kanel
- 1 kanelstång
- 1 tsk vanilj
- ¼ äpple, skalat och hackat
- 2 rabarberstjälkar, hackade
- ½ kopp vatten
- 1 ½ kopp mjölk

Vägbeskrivning:

1. Tillsätt alla ingredienser i snabbgrytan och rör om väl.
2. Förslut grytan med lock och koka i manuellt läge i 15 minuter.
3. Släpp trycket med snabbkopplingsmetoden än öppna locket.
4. Rör om väl och servera.

Näringsvärden per portion:

Kalorier: 96; Kolhydrater: 18,3g; Protein: 2,8 g; Fett: 1,1 g; Socker: 3g; Natrium: 24mg

Vegansk kokosrisottopudding

Portioner: 6

Tillagningstid: 30 minuter

Ingredienser:

- ¾ kopp Arborio ris
- ¼ kopp lönnsirap
- 1½ dl vatten
- ½ dl riven kokos
- 1 tsk citronsaft
- ½ tsk vanilj
- 15 oz burk kokosmjölk

Vägbeskrivning:

1. Tillsätt alla ingredienser i snabbgrytan och rör om väl.
2. Förslut grytan med lock och koka i manuellt läge i 20 minuter.
3. Låt trycket släppa naturligt i 10 minuter och släpp sedan med snabbkopplingsmetoden.
4. Rör om väl och använd en mixer mixa pudding tills den är slät.
5. Servera och njut.

Näringsvärden per portion:

Kalorier: 284; Kolhydrater: 30,8g; Protein: 3,3 g; Fett: 17,5g; Socker: 8,3 g; Natrium: 15mg

Vanilj avokadopudding

Portioner: 2

Tillagningstid: 3 minuter

Ingredienser:

- 1/2 avokado, skuren i tärningar
- 1 tsk agarpulver
- 1/4 kopp kokosgrädde
- 1 dl kokosmjölk
- 2 tsk sväng
- 1 tsk vanilj

Vägbeskrivning:

1. Tillsätt kokosgrädde och avokado i mixern och mixa tills det är slätt. Avsätta.
2. I en stor skål, vispa ihop kokosmjölk, vanilj, serving och agarpulver. Rör om tills det är väl blandat.
3. Tillsätt kokosgrädde och avokadoblandning och rör om väl.
4. Häll blandningen i en värmesäker skål.
5. Häll en kopp vatten i snabbgrytan och placera sedan en underlägg i grytan.
6. Placera skålen ovanpå underlägget.
7. Förslut grytan med lock och koka i ångläge i 3 minuter.

8. Släpp trycket med snabbkopplingsmetoden än öppna locket.
9. Ta bort skålen från grytan och ställ åt sidan för att svalna helt.
10. Ställ skålen i kylen i 1 timme.
11. Servera och njut.

Näringsvärden per portion:

Kalorier: 308; Kolhydrater: 27,9g; Protein: 2,1 g; Fett: 21,8g; Socker: 19,6 g; Natrium: 32mg

Vaniljmandelrisotto

Portioner: 4

Tillagningstid: 15 minuter

Ingredienser:

- 1 kopp Arborio ris
- 1 dl kokosmjölk
- 2 dl osötad mandelmjölk
- 1/4 kopp skivad mandel
- 2 tsk vaniljextrakt
- 1/3 kopp socker

Vägbeskrivning:

1. Tillsätt mandel och kokosmjölk i snabbgrytan och rör om väl.
2. Förslut grytan med lock och låt koka högt i 5 minuter.
3. Låt trycket släppa naturligt i 10 minuter och släpp sedan med snabbkopplingsmetoden.
4. Rör i vaniljextrakt och sötningsmedel.
5. Servera och njut.

Näringsvärden per portion:

Kalorier: 432; Kolhydrater: 60,3g; Protein: 6,3 g; Fett: 19,3 g; Socker: 19,2 g; Natrium: 102mg

Coconut Raspberry Curd

Förberedelsetid: 20 minuter + kylningstid

Portioner 4

Näringsvärde per portion: 334 kalorier; 32,9 g fett; 6,6 g totalt kolhydrater; 2,9 g protein; 3,6 g socker

Ingredienser

- 4 uns kokosolja, mjukad
- 3/4 kopp Sväng
- 4 äggulor, vispade
- 1/2 dl blåbär
- 1 tsk rivet citronskal
- 1/2 tsk vaniljextrakt
- 1/2 tsk stjärnanis, mald

Vägbeskrivning

1. Mixa kokosoljan och servera i en matberedare.
2. Blanda gradvis i äggen; fortsätt att blanda i 1 minut längre.
3. Tillsätt nu blåbär, citronskal, vanilj och stjärnanis. Fördela blandningen mellan fyra Mason-burkar och täck dem med lock.
4. Tillsätt 1 ½ koppar vatten och ett metallställ till Instant Pot. Sänk nu burkarna på gallret.

5. Säkra locket. Välj "Manuellt" läge och Högtryck; koka i 15 minuter. När tillagningen är klar, använd en naturlig tryckavlastning; ta försiktigt av locket. Tjäna
6. Ställ i kylen tills den ska serveras. Smaklig måltid!

Enkel chokladmousse

Förberedelsetid: 20 minuter + kylningstid

Portioner 6

Näringsvärde per portion: 205 kalorier; 18,3 g fett; 5,2 g totalt kolhydrater; 3,2 g protein; 2,6 g socker

Ingredienser

- 1 kopp helmjölk
- 1 kopp tung grädde
- 4 äggulor, vispade
- 1/3 kopp socker
- 1/4 tsk riven muskotnöt
- 1/4 tsk mald kanel
- 1/4 kopp osötat kakaopulver

Vägbeskrivning

1. Koka upp mjölken och grädden i en liten kastrull.
2. Blanda de återstående ingredienserna ordentligt i en blandningsform. Tillsätt denna äggblandning till den varma mjölkblandningen.
3. Häll blandningen i ramekins.
4. Tillsätt 1 ½ koppar vatten och ett metallställ till Instant Pot. Sänk nu dina ramekins på gallret.
5. Säkra locket. Välj "Manuellt" läge och Högtryck; koka i 10 minuter. När tillagningen är klar, använd en naturlig tryckavlastning; ta försiktigt av locket. Tjäna
6. Servera väl kyld och njut!

Den bästa tropiska efterrätten någonsin

Förberedelsetid: 15 minuter + kylningstid

Portioner 4

Näringsvärde per portion: 118 kalorier; 8,2 g fett; 6,6 g totalt kolhydrater; 3,7 g protein; 2,6 g socker

Ingredienser

- 3 äggulor, väl vispade
- 1/3 kopp Sväng
- 1/4 kopp vatten
- 3 matskedar kakaopulver, osötad
- 3/4 dl vispgrädde
- 1/3 kopp kokosmjölk
- 1/4 kopp riven kokos
- 1 tsk vaniljessens
- En nypa riven muskotnöt
- En nypa salt

Vägbeskrivning

1. Lägg ägget i en mixerskål.
2. Värm Swerve, vatten och kakaopulver i en panna och vispa väl för att kombinera.
3. Rör nu ner vispgrädden och mjölken; koka tills den är genomvärmd. Tillsätt strimlad kokos, vanilj, muskotnöt och salt.
4. Häll nu långsamt och gradvis chokladblandningen i skålen med äggulor. Rör om väl och häll i ramekins.
5. Tillsätt 1 ½ koppar vatten och ett metallställ till Instant Pot. Sänk nu dina ramekins på gallret.
6. Säkra locket. Välj "Manuellt" läge och Högtryck; koka i 8 minuter. När tillagningen är klar, använd en snabb tryckavlastning; ta försiktigt av locket.
7. Ställ i kylen tills den ska serveras. Smaklig måltid!

Crème med mandel och choklad

Förberedelsetid: 15 minuter

Portioner 4

Näringsvärde per portion: 401 kalorier; 37,1 g fett; 5,2 g totalt kolhydrater; 9,1 g protein; 1,7 g socker

Ingredienser

- 2 dl tung vispgrädde
- 1/2 kopp vatten
- 4 ägg
- 1/3 kopp Sväng
- 1 tsk mandelextrakt
- 1 tsk vaniljextrakt
- 1/3 kopp mandel, mald
- 2 msk kokosolja, rumstemperatur
- 4 matskedar kakaopulver
- 2 matskedar gelatin

Vägbeskrivning

1. Börja med att tillsätta 1 ½ koppar vatten och ett metallställ till din Instant Pot.
2. Mixa grädden, vattnet, äggen, Swerve, mandelextrakt, vaniljextrakt och mandel i din matberedare.
3. Tillsätt de återstående ingredienserna och kör en minut längre.
4. Fördela blandningen mellan fyra Mason-burkar; täck dina burkar med lock. Sänk burkarna på gallret.
5. Säkra locket. Välj "Manuellt" läge och Högtryck; koka i 7 minuter. När tillagningen är klar, använd en naturlig tryckavlastning; ta försiktigt av locket. Smaklig måltid!

Kanelflan

Förberedelsetid: 15 minuter

Portioner 6

Näringsvärde per portion: 263 kalorier; 21,2 g fett; 3,2 g totalt kolhydrater; 10,5 g protein; 2,8 g socker

Ingredienser

- 6 ägg
- 1 kopp Sväng
- 1 ½ dl dubbel grädde
- 1/2 kopp vatten
- 3 matskedar mörk rom
- En nypa salt
- En nypa nyriven muskotnöt
- 1/4 tsk mald kanel
- 1 tsk vaniljextrakt

Vägbeskrivning

1. Börja med att tillsätta 1 ½ koppar vatten och ett metallställ till din Instant Pot.
2. I en blandningsskål, blanda noggrant ägg och Swerve. Tillsätt dubbel grädde, vatten, rom, salt, muskotnöt, kanel och vaniljextrakt.
3. Häll blandningen i en ugnsform. Sänk skålen på gallret.
4. Säkra locket. Välj "Manuellt" läge och Högtryck; koka i 10 minuter. När tillagningen är klar, använd en naturlig tryckavlastning; ta försiktigt av locket.
5. Servera väl kyld och njut!

Smaskig upp och ner tårta

Förberedelsetid: 35 minuter

Portioner 5

Näringsvärde per portion: 193 kalorier; 17,9 g fett; 5,1 g totalt kolhydrater; 1,2 g protein; 2,4 g socker

Ingredienser

- 1/2 pund hallon
- 1 ½ msk citronsaft
- 1 dl kokosmjöl
- 2 msk kassavamjöl
- 1/2 tsk bakpulver
- 1/8 tsk havssalt
- 1/4 kopp kokosolja, smält
- 1 msk munkfruktpulver
- 1/2 tsk mald kanel
- 1/4 tsk riven muskotnöt
- 1/2 tsk apelsinskal
- 1 tsk vaniljpasta
- 1 ½ tsk pulveriserad agar

Vägbeskrivning

1. Tillsätt 1 ½ dl vatten och ett metallställ till Instant Pot.
2. Blanda hallon och citronsaft noggrant i en mixerskål. Fördela hallon i botten av pannan.
3. Blanda kokosmjöl, kassavamjöl, bakpulver och havssalt i en annan blandningsskål.
4. I den tredje skålen, blanda kokosolja, munkfruktpulver, kanel, muskotnöt, apelsinskal och vanilj. Tillsätt pulveriserad agar och blanda tills allt är väl införlivat.
5. Häll de flytande ingredienserna över de torra ingredienserna och blanda till en deg; platta ut den till en cirkel.
6. Lägg den här degen i en bakform och täck hallonen. Täck pannan med ett ark aluminiumfolie.
7. Sänk pannan på metallstativet.
8. Säkra locket. Välj "Manuellt" läge och Högtryck; koka i 27 minuter. När tillagningen är klar, använd en naturlig tryckavlastning; ta försiktigt av locket.
9. Vänd slutligen upp och ner på kakformen och ta upp den på ett fat. Njut av!

Extraordinär Choklad Cheesecake

Förberedelsetid: 25 minuter + kylningstid
Portioner 10

Näringsvärde per portion: 351 kalorier; 35,6 g fett; 4,8 g totalt kolhydrater; 4,3 g protein; 1,7 g socker

Ingredienser

- Skorpa:
- 1/3 kopp kokosmjöl
- 1/3 kopp mandelmjöl
- 2 msk pilrotsmjöl
- 2 matskedar kakaopulver, osötad
- 2 msk munkfruktpulver
- 1/4 kopp kokosolja, smält
- Fyllning:
- 10 uns färskost, mjukad
- 8 uns tung grädde, mjukad
- 1 tsk munkfruktpulver
- 1/2 kopp kakaopulver, osötad
- 3 äggulor, i rumstemperatur
- 1/3 kopp gräddfil
- 4 uns smör, smält
- 1/2 tsk vanilj essens

Vägbeskrivning

1. Förbered din Instant Pot genom att tillsätta 1 ½ koppar vatten och ett metallställ i botten.
2. Klä botten av en bakplåt med en bit bakplåtspapper.

3. Kombinera kokosmjöl, mandelmjöl, arrowrootpulver, 2 matskedar kakaopulver och 2 matskedar munkfruktpulver i blandningsskålen; rör nu i smält kokosolja.
4. Tryck ut skorpblandningen i botten av den förberedda bakformen.
5. För att göra fyllningen, blanda färskost, tung grädde, munkfruktpulver och kakaopulver.
6. Vänd nu ner ägg, gräddfil, smör och vanilj; fortsätt att blanda tills allt är väl införlivat,
7. Sänk bakformen på gallret. Täck med ett ark folie, gör en folieslinga.
8. Säkra locket. Välj "Manuellt" läge och Högtryck; koka i 18 minuter. När tillagningen är klar, använd en naturlig tryckavlastning; ta försiktigt av locket.
9. Placera denna cheesecake i ditt kylskåp i 3 till 4 timmar. Smaklig måltid!

Old-School Cheesecake

Förberedelsetid: 35 minuter + kylningstid

Portioner 10

Näringsvärde per portion: 188 kalorier; 17,2 g fett; 4,5 g totalt kolhydrater; 5,5 g protein; 1,3 g socker

Ingredienser

- Skorpa:
- 1/2 kopp mandelmjöl
- 1/2 kopp kokosmjöl
- 1 ½ matskedar pulveriserad erytritol
- 1/4 tsk kosher salt
- 3 msk smör, smält
- Fyllning:
- 8 uns gräddfil, vid rumstemperatur
- 8 uns färskost, vid rumstemperatur
- 1/2 kopp pulveriserad erytritol
- 3 msk apelsinjuice
- 1/2 tsk ingefärapulver
- 1 tsk vaniljextrakt
- 3 ägg i rumstemperatur

Vägbeskrivning

1. Klä en rund ugnsform med en bit bakplåtspapper.
2. I en blandningsskål, blanda noggrant alla skorpingredienser i den ordning som anges ovan.
3. Tryck ut skorpblandningen i botten av pannan.
4. Gör sedan fyllningen genom att blanda gräddfil och färskost tills den är enhetlig och slät; tillsätt de

återstående ingredienserna och fortsätt vispa tills allt är väl blandat.

5. Häll färskostblandningen över skorpan. Täck med aluminiumfolie, gör en folieslinga.
6. Placera 1 ½ koppar vatten och en metallunderlägg i din Instant Pot. Placera sedan pannan på metallstället.
7. Säkra locket. Välj "Manuellt" läge och Högtryck; koka i 30 minuter. När tillagningen är klar, använd en naturlig tryckavlastning; ta försiktigt av locket. Servera väl kyld och njut!

Söt och sur saga tårta

Förberedelsetid: 25 minuter

Portioner 6

Näringsvärde per portion: 173 kalorier; 15,6 g fett; 2,5 g totalt kolhydrater; 6,2 g protein; 1,6 g socker

Ingredienser

- Skorpa:
- 3/4 kopp kokosmjöl
- 1/4 kopp kokosolja
- 2 matskedar Sväng
- 1/2 tsk rent citronextrakt
- 1/2 tsk rent kokosextrakt
- 1/2 tsk rent vaniljextrakt
- 1/2 tsk bakpulver
- En nypa riven muskotnöt
- En nypa salt
- Fyllning:
- 4 ägg
- 1/2 kopp Sväng
- 3 matskedar färskpressad citronsaft
- 3 msk riven kokos
- 1/4 tsk kanelpulver

Vägbeskrivning

1. Börja med att tillsätta 1 ½ koppar vatten och ett metallställ till din Instant Pot. Spritsa nu en bakpanna med en nonstick-spray (smörsmak.
2. Blanda sedan alla skorpingredienser noggrant i din matberedare. Fördela nu skorpblandningen jämnt på botten av den förberedda pannan. Glöm inte att sticka några hål med en gaffel.
3. Sänk bakformen på gallret.
4. Säkra locket. Välj "Manuellt" läge och Högtryck; koka i 8 minuter. När tillagningen är klar, använd en snabb tryckavlastning; ta försiktigt av locket.
5. Blanda under tiden alla fyllningsingredienser i din matberedare. Fördela fyllningsblandningen jämnt över toppen av den varma skorpan.
6. Gå tillbaka till Instant Pot.
7. Säkra locket. Välj "Manuellt" läge och Högtryck; koka i 15 minuter. När tillagningen är klar, använd en snabb tryckavlastning; ta försiktigt av locket.
8. Skär i rutor och servera i rumstemperatur eller kyld. Smaklig måltid!

Lata söndagstårta

Förberedelsetid: 30 minuter

Portioner 6

Näringsvärden per portion: 121 kalorier; 7,3 g fett; 5,9 g totalt kolhydrater; 6,5 g protein; 2,3 g socker

Ingredienser

- 1/2 kopp jordnötssmör
- 1 pund zucchini, strimlad
- 1/4 kopp Sväng
- 2 ägg, vispade
- 1/2 tsk malen stjärnanis
- 1 tsk mald kanel
- 1/4 tsk riven muskotnöt
- 1/2 tsk romextrakt
- 1/2 tsk vanilj
- 1/2 tsk bakpulver

Vägbeskrivning

1. Börja med att tillsätta 1 ½ koppar vatten och en metallunderlägg till din Instant Pot. Spritsa nu en bakpanna med en nonstick-spray.
2. Blanda alla ingredienserna noggrant i en blandningsform tills den är enhetlig, krämig och slät. Häll smeten i den förberedda pannan.
3. Sänk pannan på underlägget.
4. Säkra locket. Välj läge "Bean/Chili" och Högtryck; koka i 25 minuter. När tillagningen är klar, använd en naturlig tryckavlastning; ta försiktigt av locket.
5. Låt kakan svalna helt innan den skärs och serveras. God aptit!

Keto Choklad Brownies

Förberedelsetid: 30 minuter

Portioner 6

Näringsvärde per portion: 384 kalorier; 36,6 g fett; 5,2 g totalt kolhydrater; 7,7 g protein; 1,3 g socker

Ingredienser

- 4 uns choklad, sockerfri
- 1/2 kopp kokosolja
- 2 koppar Sväng
- 4 ägg, vispade
- 1 tsk vaniljpasta
- 1/4 tsk havssalt
- 1/4 tsk riven muskotnöt
- 1/2 tsk torkade lavendelblommor
- 1/4 kopp mandelmjöl
- 1/2 kopp vispad grädde

Vägbeskrivning

1. Börja med att tillsätta 1 ½ koppar vatten och en metallunderlägg till din Instant Pot. Spritsa nu en bakpanna med en nonstick-spray.
2. Blanda noggrant chokladen, kokosoljan och Swerve. Vispa gradvis i äggen. Tillsätt vaniljpasta, salt, muskotnöt, lavendelblommor och mandelmjöl; blanda tills allt är väl införlivat.
3. Säkra locket. Välj läge "Bean/Chili" och Högtryck; koka i 25 minuter. När tillagningen är klar, använd en naturlig tryckavlastning; ta försiktigt av locket.
4. Toppa med vispad grädde och servera väl kyld. Smaklig måltid!

Söt gröt med en twist

Förberedelsetid: 10 minuter

Portioner 2

Näringsvärde per portion: 363 kalorier; 36,4 g fett; 6,2 g totalt kolhydrater; 4,9 g protein; 3,8 g socker

Ingredienser

- 1/2 kopp kokosbitar
- 1 msk solrosfrön
- 2 msk linfrön
- 2 kardemummaskidor, krossade lätt
- 1 tsk mald kanel
- 1 tsk Steviapulverextrakt
- 1 tsk rosenvatten
- 1/2 kopp vatten
- 1 dl kokosmjölk

Vägbeskrivning

1. Tillsätt alla ingredienser i Instant Pot.
2. Säkra locket. Välj "Manuellt" läge och Högtryck; koka i 5 minuter. När tillagningen är klar, använd en snabb tryckavlastning; ta försiktigt av locket.
3. Häll upp i två serveringsskålar och servera varm. Njut av!

Cheesecake Tropicana

Förberedelsetid: 30 minuter + kylningstid

Portioner 5

Näringsvärde per portion: 268 kalorier; 22,7 g fett; 6,6 g totalt kolhydrater; 9,5 g protein; 4,2 g socker

Ingredienser

- 9 uns färskost
- 1/3 kopp Sväng
- 1/2 tsk ingefärapulver
- 1 tsk rivet apelsinskal
- 1 tsk vaniljextrakt
- 3 ägg
- 4 matskedar dubbel grädde
- 1 matsked Sväng
- 1 navel apelsin, skalad och skivad

Vägbeskrivning

1. Börja med att tillsätta 1 ½ koppar vatten och ett metallställ till din Instant Pot. Spritsa nu en bakpanna med en nonstick-spray.
2. Vispa färskost, 1/3 kopp Swerve, ingefära, rivet apelsinskal och vanilj med en elektrisk mixer.
3. Vänd nu ner äggen gradvis och fortsätt att blanda tills allt är väl införlivat. Tryck ut denna blandning i den förberedda bakformen och täck med folie.

4. Säkra locket. Välj läge "Bean/Chili" och Högtryck; koka i 25 minuter. När tillagningen är klar, använd en naturlig tryckavlastning; ta försiktigt av locket.

5. Blanda grädden och 1 matsked Swerve; bred denna topping på tårtan. Låt den svalna på galler.

6. Överför sedan kakan till kylen. Garnera med apelsinskivor och servera väl kyld. Smaklig måltid!

Klassisk Holiday Custard

Förberedelsetid: 20 minuter + kylningstid

Portioner 4

Näringsvärde per portion: 201 kalorier; 17,7 g fett; 6,2 g totalt kolhydrater; 4,2 g protein; 1,2 g socker

Ingredienser

- 5 äggulor
- 1/3 kopp kokosmjölk, osötad
- 1/2 tsk vaniljextrakt
- 1 tsk munkfruktpulver
- 1 msk smörkolasmaksättning
- 1/2 stavsmör, smält

Vägbeskrivning

1. Blanda äggulorna med kokosmjölk, vaniljextrakt, munkfruktpulver och smörkolasmak.
2. Rör sedan ner smöret; rör om tills allt är väl införlivat. Fördela blandningen mellan fyra Mason-burkar och täck dem med lock.
3. Tillsätt 1 ½ koppar vatten och ett metallställ till Instant Pot. Sänk nu burkarna på gallret.
4. Säkra locket. Välj "Manuellt" läge och Lågtryck; koka i 15 minuter. När tillagningen är klar, använd en naturlig tryckavlastning; ta försiktigt av locket. Tjäna
5. Ställ i kylen tills den ska serveras. Smaklig måltid!

Blackberry Espresso Brownies

Förberedelsetid: 30 minuter

Portioner 8

Näringsvärde per portion: 151 kalorier; 13,6 g fett; 6,7 g totalt kolhydrater; 4,1 g protein; 1,1 g socker

Ingredienser

- 4 ägg
- 1 ¼ dl kokosgrädde
- 1 tsk Stevia flytande koncentrat
- 1/3 kopp kakaopulver, osötad
- 1/2 tsk riven muskotnöt
- 1/2 tsk kanelpulver
- 1 tsk espressokaffe
- 1 tsk rent mandelextrakt
- 1 tsk rent vaniljextrakt
- 1 tsk bakpulver
- En nypa koshersalt
- 1 dl björnbär, färska eller frysta (tinade

Instruktioner

1. Börja med att tillsätta 1 ½ koppar vatten och ett metallställ till din Instant Pot. Spritsa nu en bakpanna med en nonstick-spray.

2. Blanda nu ägg, kokosgrädde, Stevia, kakaopulver, muskotnöt, kanel, kaffe, rent mandelextrakt vanilj, bakpulver och salt med en elektrisk mixer.
3. Krossa björnbären med en gaffel. Efter det, vänd ner dina björnbär i den förberedda blandningen.
4. Häll smeten i den förberedda pannan.
5. Säkra locket. Välj läge "Bean/Chili" och Högtryck; koka i 25 minuter. När tillagningen är klar, använd en naturlig tryckavlastning; ta försiktigt av locket. Smaklig måltid!

Söt gröt med blåbär

Förberedelsetid: 10 minuter

Portioner 4

Näringsvärde per portion: 219 kalorier; 18,2 g fett; 6,2 g totalt kolhydrater; 5,6 g protein; 2,9 g socker

Ingredienser

- 6 matskedar gyllene linmjöl
- 6 matskedar kokosmjöl
- 2 koppar vatten
- 1/4 tsk nyriven muskotnöt
- 1/4 tsk Himalayasalt
- 3 ägg, vispade
- 1/2 stavsmör, mjukat
- 4 matskedar dubbel grädde
- 4 matskedar munkfruktpulver
- 1 dl blåbär

Vägbeskrivning

1. Tillsätt alla ingredienser i Instant Pot.
2. Säkra locket. Välj "Manuellt" läge och Högtryck; koka i 5 minuter. När tillagningen är klar, använd en snabb tryckavlastning; ta försiktigt av locket.
3. Servera garnerad med lite extra bär om så önskas. Njut av!

Vaniljbärscupcakes

Förberedelsetid: 35 minuter

Portioner 6

Näringsvärde per portion: 403 kalorier; 42,1 g fett; 4,1 g totalt kolhydrater; 4,2 g protein; 2,1 g socker

Ingredienser

- Cupcakes:
- 1/2 kopp kokosmjöl
- 1/2 kopp mandelmjöl
- 1/2 tsk bakpulver
- 1 tsk bakpulver
- En nypa salt
- En nypa riven muskotnöt
- 1 tsk ingefärapulver
- 1 st smör i rumstemperatur
- 1/2 kopp Sväng
- 3 ägg, vispade
- 1/2 tsk rent kokosextrakt
- 1/2 tsk rent vaniljextrakt
- 1/2 kopp dubbel grädde
- Glasyr:
- 1 st smör i rumstemperatur
- 1/2 kopp Sväng

- 1 tsk rent vaniljextrakt
- 1/2 tsk kokosextrakt
- 6 matskedar kokos, strimlad
- 3 matskedar hallon, mosade
- 6 frysta hallon

Vägbeskrivning

1. Börja med att tillsätta 1 ½ koppar vatten och ett galler till din Instant Pot.
2. Blanda muffinsingredienserna noggrant i en blandningsform. Fördela smeten mellan cupcakes i silikon. Täck med en bit folie.
3. Lägg cupcakesna på gallret.
4. Säkra locket. Välj "Manuellt" läge och Högtryck; koka i 25 minuter. När tillagningen är klar, använd en naturlig tryckavlastning; ta försiktigt av locket.
5. Blanda under tiden ingredienserna till frostingen ordentligt. Lägg den här blandningen i en spritspåse och toppa dina cupcakes.
6. Garnera med frysta hallon och njut!

Mini Cheesecakes med bär

Förberedelsetid: 25 minuter

Portioner 6

Näringsvärde per portion: 232 kalorier; 22,1 g fett; 4,8 g totalt kolhydrater; 5,7 g protein; 1,9 g socker

Ingredienser

- 1/4 kopp sesamfrömjöl
- 1/4 kopp hasselnötsmjöl
- 1/2 kopp kokosmjöl
- 1 ½ tsk bakpulver
- En nypa koshersalt
- En nypa nyriven muskotnöt
- 1/2 tsk malen stjärnanis
- 1/2 tsk mald kanel
- 1/2 stav smör
- 1 kopp Sväng
- 2 ägg, vispade
- 1/2 kopp färskost
- 1/3 kopp färska blandade bär
- 1/2 vaniljpasta

Vägbeskrivning

1. Börja med att tillsätta 1 ½ koppar vatten och ett galler till din Instant Pot.
2. Blanda alla ovanstående ingredienser noggrant i en blandningsform. Fördela smeten mellan lätt smorda ramekins. Täck med en bit folie.
3. Lägg ramekins på gallret.
4. Säkra locket. Välj "Manuellt" läge och Högtryck; koka i 20 minuter. När tillagningen är klar, använd en naturlig tryckavlastning; ta försiktigt av locket.

Special Berry Crisp med kanel

Förberedelsetid: 15 minuter

Portioner 4

Näringsvärde per portion: 255 kalorier; 24,6 g fett; 5,6 g totalt kolhydrater; 3,4 g protein; 2,5 g socker

Ingredienser

- 1/2 pund björnbär
- 1 tsk mald kanel
- 1/4 tsk riven muskotnöt
- 1/2 tsk mald kardemumma
- 1/2 tsk vaniljpasta
- 1/2 kopp vatten
- 1/4 kopp Sväng
- 5 matskedar kokosolja, smält
- 1/2 dl mandel, grovt hackad
- 1/4 kopp kokosmjöl
- 1/4 tsk Stevia
- En nypa salt

Vägbeskrivning

1. Placera björnbär på botten av din Instant Pot. Strö över kanel, muskotnöt och kardemumma. Tillsätt vanilj, vatten och sväng.
2. Blanda de återstående ingredienserna ordentligt i en mixerskål. Släpp en sked ovanpå björnbären.
3. Säkra locket. Välj "Manuellt" läge och Högtryck; koka i 10 minuter. När tillagningen är klar, använd en naturlig tryckavlastning; ta försiktigt av locket.
4. Servera i rumstemperatur och njut!

Smaskig Fire Cheesecake

Förberedelsetid: 40 minuter

Portioner 6

Näringsvärde per portion: 373 kalorier; 36,7 g fett; 5,1 g totalt kolhydrater; 8 g protein; 2,6 g socker

Ingredienser

- 1/2 kopp mandelmjöl
- 1/2 kopp kokosmjöl
- 4 matskedar kokosolja, smält
- 3/4 pund färskost, vid rumstemperatur
- 3/4 kopp Sväng
- 3 ägg
- En nypa salt
- En nypa riven muskotnöt
- 1/2 tsk mald kanel
- 1/2 tsk malen stjärnanis
- 1 tsk vaniljextrakt
- 1 tsk röd matfärg

Vägbeskrivning

1. Börja med att tillsätta 1 ½ koppar vatten och ett metallställ till din Instant Pot.

2. Blanda mandelmjöl, kokosmjöl och kokosolja noggrant i en mixerskål. Tryck ut denna blandning i en lätt smord cheesecakeform.
3. I en annan mixerskål, vispa färskosten tillsammans med Swerve. Vänd ner äggen, ett i taget, och fortsätt att vispa tills det är väl blandat.
4. Tillsätt sedan kryddorna och extrahera; blanda tills allt är väl införlivat. Bred ut fyllningen över toppen av din cheesecake. Sänk pannan på gallret.
5. Säkra locket. Välj läge "Bean/Chili" och Högtryck; koka i 35 minuter. När tillagningen är klar, använd en naturlig tryckavlastning; ta försiktigt av locket. Smaklig måltid!

Klassisk morotskaka

Förberedelsetid: 35 minuter

Portioner 8

Näringsvärde per portion: 381 kalorier; 35,1 g fett; 4,4 g totalt kolhydrater; 10,3 g protein; 1,7 g socker

Ingredienser

- Morotskaka:
- 2 dl morötter, rivna
- 1 dl mandelmjöl
- 1/2 kopp kokos, strimlad
- 1/4 kopp hasselnötter, hackade
- 1/4 tsk mald kryddnejlika
- 1/4 tsk riven muskotnöt
- 1/2 tsk mald kanel
- 1/2 tsk bakpulver
- 1 tsk bakpulver
- 4 matskedar Sväng
- 1 tsk rent vaniljextrakt
- 4 ägg, vispade
- 1 st smör, smält
- Gräddostglasyr:

1 kopp färskost

2 matskedar Sväng

1/2 tsk rent vaniljextrakt

Vägbeskrivning

1. Börja med att tillsätta 1 ½ koppar vatten och ett metallställ till din Instant Pot. Spritsa nu en cheesecakespanna med en nonstick-spray.

2. Blanda de torra ingredienserna till kakan noggrant i en mixerskål. Blanda sedan de våta ingredienserna tills allt är väl blandat.

3. Häll den våta blandningen i den torra blandningen och rör om så att den blandas väl. Häll smeten i cheesecakeformen.

4. Täck med ett ark folie. Sänk pannan på gallret.

5. Säkra locket. Välj läge "Bean/Chili" och Högtryck; koka i 30 minuter. När tillagningen är klar, använd en snabb tryckavlastning; ta försiktigt av locket.

6. Blanda under tiden ingredienserna till frostingen. Frosta morotskakan och servera kyld. Njut av!

Klassisk brownie med björnbärs-getostvirvel

Förberedelsetid: 30 minuter

Portioner 8

Näringsvärde per portion: 309 kalorier; 27,6 g fett; 3,4 g totalt kolhydrater; 10,8 g protein; 1,1 g socker

Ingredienser

- Brownies:
- 5 matskedar kokosolja, smält
- 1 kopp Sväng
- 1/4 kopp kakaopulver, osötad
- 3 tsk vatten
- 1/2 tsk vaniljextrakt
- 3 ägg, vispade
- 1/4 kopp gyllene linmjöl
- 3/4 kopp mandelmjöl
- 1/2 tsk bakpulver
- 1/2 tsk bakpulver
- En nypa salt
- En nypa riven muskotnöt
- 1/4 kopp chokladbitar, sockerfria

Blackberry Get Cheese Swirl:

- 2 msk osaltat smör, mjukat
- 4 uns getost, mjukad
- 2 uns färskost, mjukad
- 1 dl björnbär, färska eller frysta (tinade
- 1 matsked Sväng
- 1/2 tsk mandelextrakt
- En nypa salt

Vägbeskrivning

1. Börja med att tillsätta 1 ½ koppar vatten och ett metallställ till din Instant Pot. Spritsa nu en fyrkantig kakform med en nonstick-spray.

2. Blanda kokosoljan med Swerve, kakaopulver, vatten och vanilj tills det är väl blandat. Blanda i ägg, mjöl, bakpulver, bakpulver, salt och muskotnöt.

3. Mixa tills det är slätt och krämigt. Tillsätt chokladen och blanda en gång till. Tillsätt smeten i den förberedda pannan.

4. Säkra locket. Välj "Manuellt" läge och Högtryck; koka i 25 minuter. När tillagningen är klar, använd en snabb tryckavlastning; ta försiktigt av locket.

5. Vänd upp din brownie på ett fat. Låt den svalna till rumstemperatur.

6. Låt björnbärs-getosten snurra under tiden. Vispa smöret och osten med en elektrisk mixer; tillsätt björnbär, Swerve, mandelextrakt och salt och fortsätt vispa tills det blir ljust och fluffigt.
7. Släpp denna blandning ovanpå din brownie i skedar; virvla sedan med en kniv. Smaklig måltid!

Speciell födelsedagstårta

Förberedelsetid: 35 minuter + kylningstid

Portioner 8

Näringsvärde per portion: 230 kalorier; 18,8 g fett; 6,1 g totalt kolhydrater; 8,9 g protein; 1,4 g socker

Ingredienser

- Smet:
- 1 dl hasselnötsmjöl
- 2 msk pilrotsstärkelse
- 1/2 kopp kakaopulver
- 1 ¼ tsk bakpulver
- 1/4 tsk kosher salt
- 1/4 tsk nyriven muskotnöt
- 6 ägg, vispade
- 8 matskedar kokosolja, smält
- 1 tsk rent vaniljextrakt
- 1/2 tsk rent hasselnötsextrakt
- 2/3 kopp Sväng
- 1/3 kopp helmjölk
- Hasselnötsganache:
- 1/2 kopp tung grädde
- 5 uns mörk choklad, sockerfri
- 2 msk kokosolja

Vägbeskrivning

1. Börja med att tillsätta 1 ½ koppar vatten och ett metallställ till din Instant Pot. Smörj nu en bakform lätt med en nonstick-spray.
2. Blanda de torra ingredienserna till smeten noggrant i en mixerskål. Blanda i en annan skål blöta ingredienser till smeten.
3. Tillsätt den våta blandningen till den torra blandningen; blanda för att blanda väl. Häll blandningen i den förberedda bakformen.
4. Säkra locket. Välj läge "Bean/Chili" och Högtryck; koka i 30 minuter. När tillagningen är klar, använd en naturlig tryckavlastning; ta försiktigt av locket.
5. Placera nu kakformen på ett galler tills den är sval vid beröring. Låt den svalna helt innan frosting.
6. Gör din ganache under tiden. Koka upp den tunga grädden i en medelstor kastrull. Stäng av värmen så fort du ser bubblorna.
7. Tillsätt choklad och kokosolja och vispa så att det blandas väl. Frosta kakan och servera väl kyld.

Julblåbärspudding

Förberedelsetid: 20 minuter

Portioner 6

Näringsvärde per portion:240 kalorier; 20,5 g fett; 5,4 g totalt kolhydrater; 4,8 g protein; 3,1 g socker

Ingredienser

- 1 dl mandelmjöl
- 3 msk solrosfrömjöl
- 1/2 kopp Sväng
- 1/2 tsk bakpulver
- 1 tsk bakpulver
- 1/4 kopp kokosgrädde
- 1/4 kopp vatten
- 1/4 kopp kokosolja, uppmjukad
- 2 msk mörk rom
- 1/2 tsk vanilj
- 1/2 dl blåbär

Vägbeskrivning

1. Börja med att tillsätta 1 ½ koppar vatten och en metallunderlägg till din Instant Pot.
2. Blanda alla ingredienser, utom blåbär, tills allt är väl blandat. Häll blandningen i en lätt smord ugnsform.

3. Vänd i blåbär och rör försiktigt för att kombinera. Sänk ugnsformen på underlägget.
4. Säkra locket. Välj läge "Bean/Chili" och Högtryck; koka i 15 minuter. När tillagningen är klar, använd en naturlig tryckavlastning; ta försiktigt av locket.
5. Låt skomakaren svalna något innan servering. Smaklig måltid!

Fluffig jordgubbstårta

Förberedelsetid: 35 MIN

Servering: 6

Ingredienser:

- 2 dl mandelmjöl
- 1 dl kokosmjöl
- ¼ kopp osötat kakaopulver
- 1 tsk bakpulver
- ½ tsk bakpulver
- ½ tsk salt
- 1 kopp osötad mandelmjölk
- 3 ägg
- 2 äggvitor
- 3 dl vispgrädde, sockerfri
- 1 tsk steviaextrakt
- 2 tsk jordgubbsextrakt

Vägbeskrivning:

1. Klä en 7-tums springform med lite bakplåtspapper. Avsätta.
2. I en stor blandningsskål, kombinera mandelmjöl, kokosmjöl, kakaopulver, bakpulver, bakpulver och salt. Blanda väl och tillsätt mjölken gradvis. Med en paddelfäste på, slå bra i hög hastighet. Tillsätt nu ägg,

ett i taget, under konstant vispning. Tillsätt slutligen äggvitan och blanda tills den är helt införlivad. Överför blandningen till den förberedda springformen och platta till ytan med en köksspatel. Täck löst med lite aluminiumfolie.

3. Koppla in din Instant Pot och häll i 1 kopp vatten. Ställ in underlägget i den rostfria insatsen och lägg försiktigt springformen ovanpå.
4. Förslut locket och ställ ångutlösningshandtaget i "Tätning"-läget. Tryck på "Manuell"-knappen och ställ in timern på 20 minuter.
5. När du är klar, flytta ångventilen till "Venteringsläge" för att släppa trycket.
6. Öppna locket och ta försiktigt bort springformen. Lägg på galler och svalna till rumstemperatur.
7. Placera under tiden vispad grädde, stevia och jordgubbsextrakt i en stor skål. Använd en stavmixer och vispa väl tills det är helt blandat.
8. Häll blandningen över den kylda skorpan och ställ i kylen i en timme före användning.

Näringsvärden per portion:

Kalorier 195

Totalt fett 16,4g

Netto kolhydrater: 4,2g

Protein 5,7g

Fiber: 3,8g

Choklad Cheesecake

Förberedelsetid: 45 MIN

Servering: 10

Ingredienser:

- 1 dl mandelmjöl
- 1 dl kokosmjöl
- 1 kopp osötat kakaopulver, delat på mitten
- ¼ kopp sväng
- ½ kopp smör
- 2 stora ägg
- 4 koppar färskost
- ¾ kopp tjock grädde
- 1 tsk vaniljextrakt
- ½ tsk steviapulver
- 2 msk. olja

Vägbeskrivning:

1. I en stor skål, kombinera mandelmjöl, kokosmjöl, osötat kakaopulver, och sväng. Blanda väl och överför till en matberedare tillsammans med smör och ägg. Bearbeta väl och ställ åt sidan.
2. Pensla en 7-tums springform med olja och klä med lite bakplåtspapper. Tillsätt skorpblandningen och tryck till ordentligt med händerna.

3. Koppla in din snabbgryta och häll i 1 ½ koppar vatten. Placera underlägget i den rostfria insatsen och lägg försiktigt springformen ovanpå. Täck med lite aluminiumfolie för att förhindra att kondensat droppar.
4. Förslut locket och ställ ångutlösningshandtaget i "Sealing"-läge. Tryck på "Manuell"-knappen och ställ in timern på 15 minuter.
5. När du hör spisens slutsignal, släpp trycket naturligt i 10-12 minuter. Flytta tryckventilen till "Venteringsläge" för att släppa ut eventuellt kvarvarande tryck.
6. Öppna locket och ta försiktigt bort springformen. Kyl till rumstemperatur.
7. Placera färskost, tjock grädde, vaniljextrakt och steviapulver i en mixer. Puls för att kombinera och häll blandningen över den kylda skorpan.
8. Kyl över natten.

Näringsvärden per portion:

Kalorier 548

Totalt fett 52g

Netto kolhydrater: 7,4 g

Protein 12g

Fiber: 6,8g

Hallonkompott

Förberedelsetid: 45 MIN

Servering: 4

Ingredienser:

- 2 dl hallon
- 1 kopp sväng
- 1 tsk nyrivet citronskal
- 1 tsk vaniljextrakt

Vägbeskrivning:

1. Koppla in din omedelbara gryta och tryck på 'Save'-knappen. Tillsätt hallon, sväng, citronskal och vaniljextrakt. Rör om väl och häll i 1 dl vatten. Koka i 5 minuter, rör hela tiden.
2. Häll nu i ytterligare 2 koppar vatten och tryck på 'Avbryt'-knappen. Förslut locket och ställ ångutlösningshandtaget i "Tätning"-läget. Tryck på "Manuell"-knappen och ställ in timern på 15 minuter på lågt tryck.
3. När du hör spisens slutsignal, tryck på 'Avbryt'-knappen och släpp trycket naturligt i 10-15 minuter. Flytta tryckhandtaget till läget "Ventning" för att släppa eventuellt kvarvarande tryck och öppna locket.
4. Eventuellt, rör om lite mer citronsaft och överför till serveringsskålar.

5. Kyl till rumstemperatur och kyl i en timme innan servering.

Näringsvärden per portion:

Kalorier 48

Totalt fett 0,5 g

Netto kolhydrater: 5g

Protein 1g

Fiber: 5,3g

Chokladgrädde

Förberedelsetid: 25 MIN

Servering: 4

Ingredienser:

- 2 st tung grädde
- ¼ kopp osötad mörk choklad, hackad
- 3 ägg
- 1 tsk apelsinskal
- 1 tsk steviapulver
- 1 tsk vaniljextrakt
- ½ tsk salt

Vägbeskrivning:

1. Koppla in din omedelbara gryta och tryck på 'Save'-knappen. Tillsätt tjock grädde, hackad choklad, steviapulver, vaniljextrakt, apelsinskal och salt. Rör om väl och låt sjuda tills chokladen har smält helt. Tryck på "Avbryt"-knappen och knäck äggen, ett i taget, under konstant omrörning. Ta bort från snabbgrytan.
2. Överför blandningen till 4 masonburkar med löst lock.
3. Häll 2 koppar vatten i din snabbgryta och ställ in underlägget i den rostfria insatsen. Lägg i burkar och förslut locket.

4. Ställ in ångutlösningshandtaget och tryck på knappen 'Manuell'. Ställ in timern på 10 minuter.

5. När du är klar, utför en snabb frigöring genom att flytta ångventilen till läget "Ventning".

6. Öppna locket och ta bort burkarna. Kyl till rumstemperatur och överför sedan till kylen.

7. Toppa med lite vispad grädde innan servering.

Näringsvärden per portion:

Kalorier 267

Totalt fett 26,2g

Netto kolhydrater: 2,4g

Protein 5,6g

Fiber: 0,2g

Smörpannkakor

Förberedelsetid: 15 MIN

Servering: 6

Ingredienser:

- 2 dl färskost
- 2 dl mandelmjöl
- 6 stora ägg
- ¼ tsk salt
- 2 msk. Smör
- ¼ tsk mald ingefära
- ½ tsk kanelpulver

Vägbeskrivning:

1. Kombinera färskost, ägg och en matsked smör i en stor blandningsskål. Med en skoveltillbehör på, vispa väl på hög hastighet tills den är lätt och krämig. Tillsätt långsamt mjöl under konstant vispning. Tillsätt slutligen salt, ingefära och kanel. Fortsätt att vispa tills det är helt införlivat.
2. Koppla in din omedelbara gryta och tryck på 'Save'-knappen. Smörj insatsen av rostfritt stål med resterande smör och värm upp.

3. Häll i cirka ½ kopp av smeten och låt koka i 2-3 minuter eller tills den fått en gyllene färg. Upprepa processen med resterande smet.
4. Servera varm.

Näringsvärden per portion:

Kalorier 432

Totalt fett 40,2g

Netto kolhydrater: 3,5 g

Protein 14,2g

Fiber: 1g

Citroncupcakes med blåbär

Förberedelsetid: 35 MIN

Servering: 6

Ingredienser:

- 2 dl mandelmjöl
- 2/3 tsk bakpulver
- ¼ tsk bakpulver
- ½ tsk xantangummi
- 1 kopp sväng
- 3 ägg
- 1 dl mandelmjölk, osötad
- ¼ kopp blåbär
- 1 msk. smör, mjukat
- 1 msk. kokosolja
- 1 msk. citronskal, nyrivet
- 1 tsk vaniljextrakt

Vägbeskrivning:

1. Blanda alla torra ingredienser i en stor bunke. Blanda väl och tillsätt mjölken gradvis. Vispa väl på medelhastighet och tillsätt ägg, ett i taget. Tillsätt smör, kokosolja, citronskal och vaniljextrakt. Blanda tills det är helt införlivat. Vik i blåbär och överför till 12-koppars cupcakeform i silikon.

2. Koppla in din snabbgryta och häll i 1 kopp vatten. Ställ in underlägget i den rostfria insatsen och placera silikonpannan ovanpå. Täck löst med lite aluminiumfolie och förslut locket.
3. Ställ ångutlösningshandtaget till "Tätning" och tryck på "Manuell"-knappen. Ställ in timern på 25 minuter.
4. När du är klar, utför en snabb tryckavlastning och öppna locket. Ta försiktigt ut muffinsformen från din snabbgryta och svalna helt innan servering.

Näringsvärden per portion:

Kalorier 223

Totalt fett 20,4g

Netto kolhydrater: 3,8g

Protein 5,9 g

Fiber: 2,9g

Choklad brownies

Förberedelsetid: 30 MIN

Servering: 8

Ingredienser:

- ½ kopp kakaopulver, osötad
- ¼ kopp osötad mörk chokladbitar
- 1 kopp färskost
- 2 stora ägg
- 3 msk. kokosolja
- ½ tsk salt
- ¾ kopp sväng

Vägbeskrivning:

1. Kombinera färskost, ägg och kokosolja i en stor blandningsskål. Med en skoveltillbehör på, vispa väl på medelhastighet tills det är slätt. Tillsätt kakaopulver, salt, sväng och mörk chokladbitar. Fortsätt att vispa i 2 minuter, eller tills det är helt införlivat.
2. Pensla en 7-tums kakform med lite olja och klä med lite bakplåtspapper. Pudra papperet med lite kakaopulver och häll i smeten. Platta till ytan med en köksspatel och täck löst med aluminiumfolie.

3. Koppla in din snabbgryta och häll i 1 kopp vatten. Ställ in ångstativet i botten av stålinsatsen och ställ kakformen ovanpå.
4. Förslut locket och ställ in ångutlösningen till "Sealing"-läget. Välj läget "Manuellt" och ställ in timern på 20 minuter.
5. När du hör spisens slutsignal, släpp trycket naturligt i 15 minuter. Öppna locket och ta försiktigt bort pannan.
6. Kyl helt och skär i 8 brownies.

Näringsvärden per portion:

Kalorier 180

Totalt fett 17,5g

Netto kolhydrater: 2,4g

Protein 4,8g

Fiber: 1,7g

Persikapaj

Förberedelsetid: 40 MIN

Servering: 6

Ingredienser:

- 2 dl mandelmjöl
- 1 medelstor persika, skivad
- ¼ kopp hallon
- 4 stora ägg
- 6 msk. Smör
- 2 tsk bakpulver
- ½ tsk salt
- ¼ kopp sväng
- ¼ tsk vaniljextrakt
- 2 tsk citronskal

Vägbeskrivning:

1. Pensla en 7-tums kakform med olja och klä med lite bakplåtspapper. Avsätta.
2. Vispa ihop ägg i en medelstor skål och servera. Avsätta.
3. I en annan skål, kombinera alla återstående torra ingredienser och blanda väl. Häll långsamt i äggblandningen, blanda hela tiden, och tillsätt de återstående ingredienserna. Överför till en mixerskål och vispa i 2 minuter på medelhastighet.

4. Häll blandningen i den förberedda kakformen och skaka ett par gånger för att platta till ytan. Slå in med lite aluminiumfolie.

5. Koppla in din snabbgryta och häll i 1 kopp vatten. Ställ underlägget i botten av den rostfria insatsen och placera den inslagna pannan ovanpå. Förslut locket och ställ ångutlösningshandtaget i "Tätning"-läget.

6. Välj läget "Manuellt" och ställ in timern på 25 minuter.

7. När du är klar, utför en snabbfrigöring genom att flytta tryckventilen till läget "Ventning".

8. Öppna locket och ta bort pannan. Kyl helt innan servering.

Näringsvärden per portion:

Kalorier 221

Totalt fett 19,4g

Netto kolhydrater: 4,4g

Protein 6,6g

Fiber: 1,8g

Mandelsmörkakor

Förberedelsetid: 40 MIN

Servering: 15

Ingredienser:

- 1 ½ kopp mandelmjöl
- ½ kopp kokosmjöl
- 3 ägg
- ¾ kopp kokosolja, smält
- 3 msk. mandelsmör
- ¼ kopp kakaopulver, osötad
- ½ kopp sväng
- ½ tsk salt

Vägbeskrivning:

1. Koppla in din snabbgryta och häll i 1 kopp vatten. Ställ underlägget i botten av den rostfria insatsen och ställ åt sidan.
2. Klä en rund ugnsform med lite bakplåtspapper och ställ åt sidan.
3. I en stor blandningsskål, kombinera mandelmjöl, kokosmjöl, kakaosmör, sväng och salt. Tillsätt ägg, kokosolja och mandelsmör. Med en paddeltillbehör på, slå ordentligt på hög hastighet tills det är helt inkorporerat.

4. Skopa ut 15 kakor och lägg dem i den förberedda bakformen. Du kommer förmodligen att behöva göra detta i flera omgångar. Platta försiktigt ut varje kaka med handflatan och placera pannan i din snabbgryta. Täck med aluminiumfolie.

5. Förslut locket och ställ in ångutlösningshandtaget. Tryck på "Manuell"-knappen och ställ in timern på 25 minuter.

6. När du är klar, släpp trycket naturligt i 15 minuter. Flytta tryckhandtaget till läget "Ventning" för att släppa eventuellt kvarvarande tryck.

7. Öppna locket och ta bort pannan. Kyl till rumstemperatur och överför sedan kakorna till ett galler för att svalna helt.

Näringsvärden per portion:

Kalorier 154

Totalt fett 15,3g

Netto kolhydrater: 1,5 g

Protein 2,9 g

Fiber: 1,9g

Mini brownie kakor

Förberedelsetid: 25 MIN

Servering: 4

Ingredienser:

- 1 dl mandelmjöl
- ½ kopp kakaopulver, osötad
- ¼ kopp sväng
- 4 ägg
- ¼ kopp osötad mörk choklad, skuren i bitar
- 1 tsk romextrakt
- ½ kopp kokosolja

Vägbeskrivning:

1. Koppla in din snabbgryta och häll i 1 kopp vatten. Ställ underlägget i botten av den rostfria insatsen och ställ åt sidan.
2. I en stor blandningsskål, kombinera ägg, sväng, mörk chokladbitar, romextrakt och kokosolja. Blanda väl tills en ljus och krämig blandning. Sikta mandelmjöl och kakaopulver över äggblandningen och blanda väl igen.
3. Fördela blandningen mellan 4 ramekins och linda tätt med aluminiumfolie. Lägg varje ramekin på underlägget och förslut locket.

4. Ställ ångutlösningshandtaget i läget 'Tätning'. Tryck på "Manuell"-knappen och ställ in timern på 15 minuter.

5. När du är klar, släpp trycket naturligt i ytterligare 15 minuter.

6. Öppna locket och ta försiktigt bort ramekins med ugnsvantar. Lägg på galler och svalna helt innan servering.

Näringsvärden per portion:

Kalorier 404

Totalt fett 39,1g

Netto kolhydrater: 4,8g

Protein 9,7g

Fiber: 4,7g

www.ingramcontent.com/pod-product-compliance
Lightning Source LLC
Chambersburg PA
CBHW070420120526
44590CB00014B/1470